TOUS DES OISEAUX

WAJDI MOUAWAD

TOUS DES OISEAUX

théâtre

Postface de Sylvain Diaz

BABEL

Leméac Éditeur remercie le Conseil des arts du Canada et le gouvernement du Canada, la Société de développement des entreprises culturelles du Québec (SODEC) et le Programme de crédit d'impôt pour l'édition de livres du Québec (Gestion SODEC) du soutien accordé à son programme de publication.

Canadä

ISBN 978-2-330-12613-1

Pour Charlotte Esther Farcet
et le vertige de cette quatrième marche,
instant T du Big Bang.

CRÉON. Un ennemi, même après sa mort, ne devient jamais un ami.

ANTIGONE. Je suis faite pour aimer, non pour haïr.

Sophocle, *Antigone*

PERSONNAGES

Eitan
Wahida
Eden
Leah
Norah
Etgar
David
Wazzân

Infirmière, serveur, rabbin, préposé,
médecin, infirmiers, employé

I. OISEAU DE BEAUTÉ

— 1. l'impeccable harmonie du hasard —

Grande salle d'une bibliothèque universitaire de la côte est américaine. Tables en bois verni. Gens de tous âges. Ordinateur et écouteurs. À une table, une jeune femme travaille, plongée dans les pages d'un livre ancien. Un jeune homme passe, s'arrête net, revient sur ses pas et arrache le livre des mains de la jeune femme. Elle se lève, hébétée. Le jeune homme examine le livre avec étonnement. Il la regarde. Réalise ce qu'il vient de faire. Lui tend le livre.

EITAN. Pardon…

La jeune femme reprend le livre. S'assoit. Le jeune homme s'en va. Temps. Le jeune homme revient.

EITAN. Je peux vous déranger ?

Elle ôte ses écouteurs.

EITAN. Vous allez peut-être me prendre pour un dingue, mais ça fait deux ans que je vous cours après sans savoir qui vous êtes, combien vous êtes ni à quoi vous ressemblez. Comment vous expliquer… Bon. Au-delà du fait qu'ici c'est le campus de mon université, je viens toujours travailler dans cette bibliothèque, et même si New York en compte beaucoup d'autres toutes aussi magnifiques, je ne mets plus les pieds ailleurs à cause d'une coïncidence qui dure depuis deux ans. Vous n'allez pas me croire. Je vous raconte. Je vous raconte ? Je vous raconte. Depuis que je viens ici, dans cette immense bibliothèque, de cette immense université, de cette immense ville, je n'ai pas cessé de trouver ce livre sur les tables où je m'installais au hasard, sans jamais, jamais rencontrer la personne qui l'empruntait. *(Il saisit le livre.) Kitab Wafayat al-A'yan*, dictionnaire biographique d'Abu l'Abbas Ahmad Ibn Khallikan. Je ne sais pas si je prononce bien. N'allez surtout pas croire que je sois superstitieux, je ne suis pas superstitieux et pas une seule fois au cours de ces deux années j'ai tenté de lire dans la récurrence de cette extraordinaire coïncidence un signe cabalistique ou quoi que ce soit de ce genre, mais à la longue ça devenait dingue. Il y a beaucoup de livres dans la bibliothèque de cette université, beaucoup de tables, une cinquantaine pouvant chacune accueillir douze personnes, ce qui, certains jours, signifie six cents individus. Si chacun consulte trois livres avec l'obligation, comme Mr. Wayne Jon Jackson nous le rappelle sans arrêt, de ne pas les replacer dans les rayons nous-mêmes, mais de les laisser aux soins des préposés, cela fait pas loin de deux mille livres abandonnés sur les tables. Or, ce livre, *Kitab*

Wafayat al-A'yan, traduit en anglais par William Mac Guckin et imprimé à Paris en 1842, cette bibliothèque n'en possède qu'un seul exemplaire. Ce n'est donc pas seulement le même titre que, par hasard, je retrouve sur la table, où, au hasard, je choisis de m'installer, mais le même objet livre. Vous comprenez ? Déjà, la probabilité de retomber sur un même titre est mince, mais que, sur les six cent trente-quatre fois où je suis venu ici, cela me soit arrivé cinq cent quatre-vingt-douze fois, alors que je ne m'assois jamais à la même table, jamais aux mêmes jours et selon les heures les plus diverses, c'est… comment dire ?… Ahurissant ! Non ? Toutes les probabilités existent me direz-vous, c'est vrai, mais certaines sont plus rares que d'autres, et plus c'est rare plus c'est beau. L'impeccable harmonie du hasard comme le dit Naji Abou Hamra, mon professeur de statistiques. Restait une donnée à clarifier : est-ce que ce livre était laissé chaque fois par des individus différents ou, au contraire, toujours par la même personne ? Pour la première hypothèse, on est dans le monde des belles coïncidences, pour la seconde on verse dans celui des grandes harmonies et si vous deviez être cette personne, alors je devrais remettre en question ma vision du monde. Je suis un sceptique qui n'a jamais cru en rien, pas même un nihiliste, pas même un matérialiste, disons plutôt un *objetiste* pour qui tout est objet et qui ne supporte pas l'idée de se laisser aller à des rêveries inutiles. Mais à l'instant où je vous ai vue avec ce livre tout s'est mis à trembler, et je crois bien avoir perdu le contrôle de mon claustrum, mon putamen et mon cortex cingulaire antérieur, qui sont les régions indispensables à la production des fantasmes par un cerveau normalement constitué. Mais tous les fantasmes que mon cerveau pourrait produire n'arrivent pas à la cheville de cette seconde où vous vous êtes enfin révélée à moi après ces deux longues années. Pour être clair : si l'impeccable harmonie de la coïncidence c'est vous, il ne me reste plus qu'à renier mes convictions et à croire aux horoscopes, à l'invisible, aux anges, aux extraterrestres qui nous auraient fabriqués en laboratoire et faire comme tous ceux-là qui, croyant à la magie et voyant dans les hasards des signes, le destin, Dieu et autres bêtises du même genre, ne sont que des naïfs, des faibles, des simples d'esprit.

WAHIDA. Et vous, apparemment, n'êtes pas un esprit simple…

EITAN. Pas du tout ! Je vous le répète : donner du sens à une probabilité ça n'a jamais été mon genre, et il doit certainement y avoir une explication scientifique à tout cela.

WAHIDA. Qui prouverait quoi ?

EITAN. Que notre rencontre n'est pas due au hasard.

WAHIDA. À quoi serait-elle due alors ?

EITAN. Au Big Bang !

WAHIDA. Mais bien sûr, où avais-je la tête…

EITAN. Ne rigolez pas, c'est très sérieux ! Je ne vois pas d'autres explications… Jusqu'à l'instant T du Big Bang, notre matière devait être déjà enlacée à celle de ce livre en un point infiniment plus petit qu'une tête d'aiguille. Entrelacée de manière si inconcevable qu'il a fallu le Big Bang pour nous séparer et 13,8 milliards d'années pour nous réunir dans cette bibliothèque, vous, moi et le livre, à nous faire ressentir au-delà du temps et de l'espace la sensation initiale du lien. Bon, je dis ça comme ça, je ne voudrais surtout pas avoir l'air de vous draguer…

WAHIDA. Ça ne me traverse même pas l'esprit, mais parlant de Big Bang, dans Harlem, au coin de la 122e et de Lenox, une boîte de nuit qui fait aussi pâtisserie vient d'ouvrir. Ça s'appelle « This is the end ». La musique est géniale et les donuts sont à tomber. Tu as alors dit quelque chose à propos de la lumière, sa vitesse et la courbe du temps, mais je n'entendais rien tellement mon cœur battait dans mes oreilles. On s'est levés, tu as renversé ta chaise, Mr. Wayne Jon Jackson s'est fâché et on est sortis en riant. Je ne savais plus comment marcher, comment croire à ce qui arrivait. Quel cadeau. J'aurai au moins ressenti ça dans ma vie. C'est plus fort que tout, Eitan, le cœur qui éclate. Toi et moi. Comment accepter que ce ne soit que le hasard ? À quoi ça tient une rencontre ? Un livre, un donut, un génocide d'il y a trois quarts de siècle. Et si ceci et si cela et si et si et si et si et si et si et si et si et toi et moi nous ne nous serions pas rencontrés. Et le Big Bang n'aurait servi à rien ? C'est possible ça ? Eitan, l'univers se scinde à chaque *si*. Tu me l'as tellement répété. On oublie qu'il y a en ce moment d'autres univers où toi et moi nous ne nous sommes jamais rencontrés. Si cela est vrai, alors je ne sais pas aujourd'hui entre moi et moi laquelle est la plus malheureuse. Un chagrin ça attend patiemment son heure. Nous y sommes. Mais je préfère être une pierre que cette autre pour laquelle tu n'es rien. On a descendu les grandes marches de la bibliothèque dans le froid glacial de l'hiver et c'était un prétexte pour se raccrocher l'un à l'autre. Bonheur dans la dérive. De l'oubli de tout, nos études, New York, du reste du monde devenu figuration. Nous ne demandions rien et tout nous a été donné. L'or de la vie. La fusion quand, faisant l'amour, je te sentais trembler, au bord des larmes et que je te disais, Eitan, Eitan, qu'est-ce qui se passe ? Qu'est-ce qu'il y a ? Et toi : ce n'est rien mon amour, c'est la magie pour celui qui ne croyait pas à la magie. Et maintenant ? Où est-elle la magie ? J'ai ouvert la fenêtre de ta chambre. La nuit est si douce, on dirait que l'air est pur et que tout est comme avant, mais à quoi ça sert si tu ne te réveilles pas ? Je ne sais pas comment faire pour avertir tes parents, je suis passée voir cette femme, madame Kimhi, ta grand-mère, je lui ai dit « Eitan fait partie des victimes de l'attentat », elle m'a refermé la porte au nez. Je ne comprends plus rien. Eitan ! Reviens… Ce n'est pas grave, nos engueulades, nos disputes… On s'en fout, Eitan, on s'en fout, mais reviens, tu entends ? Est-ce que tu m'entends ?

— 2. la première nuit après la tuerie —

Une chambre d'hôpital. Entre une infirmière.

INFIRMIÈRE. Pardon. Les heures de visite sont terminées. Vous ne pouvez plus rester. Demain 7 heures.

WAHIDA. Pardon. Je ne parle pas hébreu.

INFIRMIÈRE. Il est 20 heures. Vous ne pouvez plus rester. Demain 7 heures.

WAHIDA. S'il se réveille pendant la nuit, vous appelez ?

INFIRMIÈRE. On a vos coordonnées ?

WAHIDA. Je n'ai plus de portable. Appelez-moi sur le portable d'Eitan ou au Paradise Hotel, porte des Lions.

INFIRMIÈRE. Vous devriez vous rapprocher de l'hôpital. L'armée pourrait boucler le quartier musulman.

WAHIDA. Est-ce que je peux rester ici ?

INFIRMIÈRE. Je n'ai pas le droit.

WAHIDA. Juste cette nuit.

INFIRMIÈRE. Je suis désolée. L'étage au complet est occupé par les blessés de l'attentat et beaucoup mourront cette nuit. La nuit qui suit les tueries trie les morts des vivants. Vous ne supporteriez pas. Personne ne supporte. Alors on réduit les présences. On craquerait nous aussi sinon. Les prochains jours vont être très difficiles. Il faut vous reposer. Il faut dormir.

WAHIDA. Je ne peux pas dormir. Je me rejoue la scène dès que je suis seule. Je ferme les yeux et tout revient, le pont, les gens, la chaleur, le soleil, la douane, la fouille, et tout tourne en boucle jusqu'à l'attentat.

INFIRMIÈRE. Vous étiez ensemble ?

WAHIDA. On a été séparés. Ça m'a sauvée et ça l'a sans doute sauvé aussi. Si on ne m'avait pas fouillée, on serait peut-être morts tous les deux puisqu'on serait montés dans ce bus pour la Jordanie. Mais quand le camion a foncé, j'étais encore en train de me faire contrôler. Eitan m'avait dit « Je t'attends » et on s'est quittés. Je n'ai pas vu comment ça s'est passé. J'étais avec une soldate qui me fouillait au corps quand l'explosion a eu lieu. Un vomissement épouvantable avec tout de suite une odeur de chair brûlée. Je n'avais jamais vu autant de cadavres.

INFIRMIÈRE. Vous êtes seule en Israël ?

WAHIDA. Oui.

INFIRMIÈRE. Où habite sa famille ?

WAHIDA. Berlin.

INFIRMIÈRE. Ses parents sont au courant ?

WAHIDA. Je ne suis pas la bonne personne pour les prévenir…

INFIRMIÈRE. Il faut les contacter. D'où venez-vous ?

WAHIDA. New York.

INFIRMIÈRE. Prévenez ses parents. C'est la première chose à faire. Vous ne devez pas affronter ça toute seule. Comment vous appelez-vous ?

WAHIDA. Wahida.

EITAN. Wahida ?

INFIRMIÈRE. Je m'appelle Sigal. Tenez. *(Elle lui tend un cachet.)* Ça vous aidera à dormir. Si Eitan se réveille, je vous préviens, je vous le promets.

L'infirmière sort.

— 3. quarante-six chromosomes —

Wahida et Eitan, dans une rue enneigée de New York.

EITAN. Ça veut dire quoi « Wahida » ?

WAHIDA. L'unique. Et « Eitan » ?

EITAN. Le robuste.

WAHIDA. Vous êtes sûr que ça ne signifie pas « le dragueur » ?

EITAN. Vous êtes sûre que Wahida ne signifie pas « monstruosité génétique » ?

WAHIDA. Sympa.

EITAN. C'est vrai. Vous êtes complètement improbable. Comment est-il possible qu'il y ait autant de différences entre les formes du vivant ? Pourquoi vous êtes si belle quand je suis si moche.

WAHIDA. C'est vrai ça, pourquoi ?

EITAN. Pourquoi ? Pourquoi un embryon se développe pour aboutir à ça ou ça ? Je voulais vouer ma vie à tenter de résoudre cette énigme, mais à quoi ça servira de comprendre le pourquoi des origines quand votre visage me donne envie de brûler la rue. C'est désespérant…

WAHIDA. C'est horrible. On y est. « This is the end. »

Musique. Ils dansent.

EITAN. Qu'est-ce que ça veut dire, « Wahida » ? Parce que moi, si je tombe amoureux de vous, comment je pourrais supporter l'idée de vous perdre ?

WAHIDA. Mais vous n'allez pas tomber amoureux de moi.

EITAN. J'aimerais vous y voir ! Vous, c'est facile : c'est moi qui suis devant vous, alors forcément ! Mais moi, avec vous en face de moi, est-ce que j'ai le choix ?

WAHIDA. C'est une déclaration ?

EITAN. C'est un constat. Et j'ai beau me dire, comme Ava Hoss, ma directrice de recherche sur l'évolution des microsatellites codants chez les primates, que génétiquement il n'y a que quarante pour cent de différence entre vous et la levure qui sert à fabriquer les donuts, je n'arrive pas à décrocher de votre visage.

WAHIDA. Est-ce que vous venez de me comparer à de la levure ?

EITAN. À une grenouille ça ne ferait aucune différence.

WAHIDA. J'adore votre manière de parler aux filles. Et l'âme ?

EITAN. Un génome. Pas de hiérarchie dans le monde cellulaire.

WAHIDA. Avec vous l'identité devient simple.

EITAN. Quarante-six chromosomes.

WAHIDA. L'amour ?

EITAN. L'amour, l'holocauste, le témoignage, la mémoire, l'amitié… Quarante-six chromosomes.

WAHIDA. Les promesses, la tendresse, l'humour ?

EITAN. Quarante-six chromosomes.

WAHIDA. La jeunesse ?

EITAN. Quarante-six chromosomes.

WAHIDA. Mon visage ? Ma peau ?

EITAN. Quarante-six chromosomes.

WAHIDA. Mes lèvres ?

EITAN. Quarante-six chromosomes.

Ils s'embrassent. Font l'amour.

— 4. une peau parfaite —

Wahida entre dans un café. Un téléviseur diffuse un dessin animé en hébreu.

WAHIDA. Un café, s'il vous plaît.

SERVEUR. Il est minuit, je ferme bientôt le café.

Le serveur sort.
Temps.
Entre Eden, une jeune soldate. Elle s'assoit face à Wahida.

EDEN. Asseyez-vous. Combien de temps êtes-vous restée en Israël ?

WAHIDA. Une semaine.

EDEN. Où avez-vous habité ?

WAHIDA. Paradise Hotel.

EDEN. Seule ?

WAHIDA. Avec mon ami.

EDEN. Son nom ?

WAHIDA. Eitan Zimmerman.

EDEN. Israélien ?

WAHIDA. Non, Allemand.

EDEN. Où est-il ?

WAHIDA. Il a traversé la douane et m'attend à côté du bus.

Temps. Eden prend des notes.

EDEN. Où partez-vous ?

WAHIDA. Jordanie.

EDEN. Pour ?

WAHIDA. Tourisme.

EDEN. Mariés ?

WAHIDA. Non.

Temps.

EDEN. Qu'est-ce que vous êtes venus faire en Israël ?

WAHIDA. Mon ami est venu rencontrer sa grand-mère.

EDEN. Son nom ?

WAHIDA. Leah Kimhi.

EDEN. L'avez-vous vue ?

WAHIDA. Il avait besoin de la voir seul.

EDEN. Pourquoi ?

WAHIDA. Première fois qu'ils se rencontraient. C'était délicat.

EDEN. Avez-vous vu quelqu'un durant votre séjour ?

WAHIDA. Gershon Avnery.

EDEN. Qui est-ce ?

WAHIDA. Spécialiste de littérature arabe ancienne au département Islam et Moyen-Orient à la Bibliothèque nationale d'Israël.

EDEN. Vous avez parlé ?

WAHIDA. Un manuscrit du XVIe siècle.

EDEN. Pourquoi ?

WAHIDA. Ce livre est au centre de ma thèse.

EDEN. Ce n'était donc pas pour accompagner votre ami.

WAHIDA. J'ai profité de l'occasion.

EDEN. Quel est le sujet de cette thèse ?

WAHIDA. Compliqué.

EDEN. Nous avons le temps.

WAHIDA. Un diplomate marocain du XVIe siècle enlevé et offert au pape Léon X qui le convertit au christianisme. Je défends l'idée que sa conversion est une dissimulation.

EDEN. Vous étudiez où ?

WAHIDA. Columbia, New York.

Eden feuillette le passeport de Wahida.

EDEN. Eitan, il a un travail ?

WAHIDA. Chercheur.

EDEN. Quel domaine ?

WAHIDA. Génétique.

EDEN. Tu l'espionnes ?

WAHIDA. Pardon !?…

EDEN. Tu travailles pour qui ?

WAHIDA. Je ne comprends pas…

EDEN. Depuis quand tu as un passeport américain ?

WAHIDA. Je suis Américaine !

EDEN. Qu'est-ce que tu as été faire en Égypte, en Tunisie, en Algérie, au Maroc ?

WAHIDA. Mes recherches… Ma thèse…

EDEN. Et tu baises un Juif pour ta thèse aussi ? Arabe ? Tu es Arabe ?

WAHIDA. Non… Si…

EDEN. Non ? Si ? C'est Eitan sur l'écran de ton portable ?

WAHIDA. Oui…

EDEN. Qu'est-ce qu'une fille comme toi fait avec un type pareil ? Il est riche ? Il est célèbre ? Tu l'espionnes ?

WAHIDA. Mais non !

EDEN. Tu travailles pour qui ? Qui est cet homme ?

WAHIDA. Je vous l'ai dit, c'est mon ami !

EDEN. Le diplomate ! Ta thèse ! L'homme !

WAHIDA. Hassan Ibn Mohammed Al-Wazzân.

EDEN. C'est ton chef ? Est-il lié à une activité terroriste ?

WAHIDA. Il est mort il y a cinq cents ans !

EDEN. Je ne sais pas. Peut-être. Parle-moi de lui.

WAHIDA. Qu'est-ce que vous voulez que je vous dise ?

EDEN. Ce que tu sais. Il est né où ?

WAHIDA. À Grenade, en Espagne.

EDEN. Quand ?

WAHIDA. Vers 1486, mais il a grandi à Fès, au Maroc.

EDEN. Qu'est-ce qu'il a fait ?

WAHIDA. Diplomate, je vous l'ai déjà dit.

EDEN. Tu fais une thèse sur un type qui est mort il y a cinq cents ans et qui a juste été diplomate ? C'est quoi sa doctrine, son idéologie ?

WAHIDA. Il n'y a pas de doctrine, d'idéologie… Mademoiselle, mon copain m'attend dehors… Bon… En 1518, de retour de pèlerinage à La Mecque, il est capturé par un pirate chrétien. Le pirate, au lieu de vendre comme simple esclave ce diplomate de haut rang, choisit plutôt de l'offrir au pape Léon X. Le pape, impressionné par son esprit, lui rend sa liberté en échange de sa conversion. Et, à la faveur d'un peu d'eau versée sur sa tête, Hassan Al-Wazzân change de religion et devient Léon l'Africain. Et toute sa vie est comme ça. Ni destin ni hasard, toujours entre les deux. Un pont. Il voyage, côtoie les plus humbles comme les plus puissants, rencontre des tribus, apprend des langues. Contemporain de Vinci et de Machiavel, il passe dix années à Rome où il écrit un immense traité de géographie pour raconter aux Européens une Afrique insoupçonnée et se lie d'amitié autant avec les juifs qu'avec les chrétiens. Et quand finalement il retourne chez lui, on perd sa trace.

Personne ne sait où il est mort et on n'a jamais trouvé sa tombe. Il disparaît, il s'évanouit.

EDEN. Et pourquoi tu t'intéresses à lui ?

WAHIDA. Je crois que son histoire permet de répondre à certaines questions que notre époque nous pose.

EDEN. Quelles questions ?

WAHIDA. Faut-il à ce point s'attacher à nos identités perdues ? Qu'est-ce qu'une vie entre deux mondes ? Qu'est-ce qu'un migrant ? Qu'est-ce qu'un réfugié ? Qu'est-ce qu'un mutant ?

Temps.

EDEN. Déshabille-toi.

Wahida hésite. Se lève. Ôte sa veste. Eden enfile des gants en latex.

EDEN. Enlève ta robe.

WAHIDA. Vous devez m'aider.

Eden aide Wahida. Qui ôte sa robe. Dépose sa robe.

EDEN. Enlève tout.

Wahida ôte ses sous-vêtements. Eden prend les habits et les affaires de Wahida. Elle regarde Wahida.

EDEN. Eitan, tu dois le rendre fou.

Eden sort. Temps. Eden revient.

EDEN. Ouvre la bouche.

Eden examine la bouche de Wahida.

EDEN. Écarte les jambes… Je vais te toucher… Écarte…

Wahida au bord des larmes.

EDEN. Je vais te toucher.

Eden ôte ses gants et pose ses deux mains sur le dos de Wahida. Eden embrasse le dos de Wahida. Wahida se retourne brusquement, Eden embrasse Wahida. Explosion.
Wahida dans le café, le téléviseur allumé.

TÉLÉVISEUR. L'attentat n'a toujours pas été revendiqué et si tout laisse croire à une attaque terroriste palestinienne, le camion bélier provient cependant de la colonie de Beit Jarod déclarée illégale par la Cour suprême israélienne et qui en a ordonné l'évacuation. Le secrétaire d'État américain et le ministre russe des Affaires étrangères ont mis en garde l'Autorité palestinienne contre une escalade qui embraserait la région. En attendant le résultat des laboratoires pour déterminer l'identité du kamikaze, le bureau du premier ministre s'apprête à boucler Jérusalem-Est, la bande de Gaza et interdire toute circulation vers les territoires palestiniens.

WAHIDA. Combien je vous dois ?

SERVEUR. Treize shekels.

TÉLÉVISEUR. Rappelons que l'attentat s'est produit ce matin à 10 h 53 au passage de la douane du pont Allenby qui relie Israël à la Jordanie. Il a fait soixante-dix-huit morts et une centaine de blessés, dont vingt qui reposent dans un état très grave. Six soldats israéliens ont été tués…

WAHIDA. Que disent-ils ?

SERVEUR. Ils parlent de l'attaque sur le pont Allenby. Ils font des tests génétiques et bouclent les quartiers.

WAHIDA. Vous savez si le quartier musulman est bouclé ?

SERVEUR. Pas encore, mais ça ne devrait pas tarder, l'armée est sur place, vous ne devriez pas y aller.

WAHIDA. Merci.

SERVEUR. Bonne nuit.

Wahida sort. Le serveur éteint le téléviseur.

— 5. un appel —

Dans la rue. Wahida consulte le téléphone d'Eitan, compose un numéro.

WAHIDA. Allô, madame Leah Kimhi ? / Je suis Wahida, l'amie d'Eitan votre petit-fils / Mais si, je suis venue tout à l'heure et vous m'avez fermé la porte au nez… Allô ?… Putain ! Mais quelle salope !! *(Elle recompose le numéro.)* Madame Kimhi, c'est Wahida. J'espère que vous écouterez mon message. J'arrive chez vous et si vous ne m'ouvrez pas je vais défoncer votre porte.

Elle raccroche.

— 6. une porte —

Wahida cogne contre la porte de Leah.

WAHIDA. Ouvrez ! Ouvrez !! Je sais que vous êtes là… Ouvrez, putain, ouvrez ! Ouvre cette porte, salope !

LEAH. Arrête ! Tu vas te faire mal et tu vas abîmer la porte.

WAHIDA. Ouvrez-moi !

LEAH. Qu'est-ce que tu veux ?

WAHIDA. Eitan est en train de mourir !

LEAH. Appelle sa famille !

WAHIDA. Vous êtes sa famille !

Wahida cogne de nouveau contre la porte. Leah lui ouvre.

LEAH. Qu'est-ce que tu me veux ?

WAHIDA. Il faut prévenir ses parents !

LEAH. Je ne sais pas de qui tu me parles !

WAHIDA. Les parents d'Eitan !

LEAH. Qui est Eitan ?

WAHIDA. Vous êtes conne ou quoi ! Il a passé la semaine avec vous !

LEAH. Un garçon est venu, je ne savais pas qui il était, je ne savais même pas qu'il existait.

WAHIDA. Vous lui avez parlé, vous avez mangé ensemble !

LEAH. Quand ça ?

WAHIDA. Tous les jours !

LEAH. C'est lui qui t'a dit ça ?

WAHIDA. Oui !

LEAH. Il t'a menti !

WAHIDA. Pourquoi il aurait fait une chose pareille ?

LEAH. J'en sais rien ! Mais je ne l'ai plus jamais revu et il t'a menti.

WAHIDA. Il m'a menti ?

LEAH. Il t'a menti.

WAHIDA. Je ne comprends pas ! Vous ne vous êtes pas parlé ?

LEAH. Non ! Va-t'en maintenant !

WAHIDA. Il est venu pour ça ! Il pensait que vous pouviez répondre à ses questions !

LEAH. Il s'est trompé !

WAHIDA. Il est venu vous demander de lui parler de son père…

LEAH. Tu t'en vas !

WAHIDA. Qui est David, votre fils…

LEAH. Je ne sais pas ! Sors !

WAHIDA. Si, vous savez ! Vous savez ! Et Eitan sait que vous savez !

LEAH. Que je sais quoi ?

WAHIDA. Qui est son père. Qui est David, qui est votre fils ! Ils ont quitté Berlin, ils ont rejoint Eitan à New York pour fêter Pâque, votre ancien mari, j'ai oublié son nom…

LEAH. Moi aussi j'ai oublié son nom !

WAHIDA. Etgar ! Et David et Norah, les parents d'Eitan. Il ne vous a rien raconté ? Il ne vous a pas dit ce qui s'est passé ?

LEAH. Qu'est-ce qui s'est passé ?

WAHIDA. Le repas. Pâque. Le Seder. Il ne vous a rien dit ? Eitan avait insisté pour que cette année ce soit eux qui fassent le voyage. « C'est toujours moi qui rentre à Berlin pour vous voir, venez, vous, cette fois ! Je vous montrerai le campus, les laboratoires, la bibliothèque, vous présenterai mes amis ! » Alors ils sont venus. Ils sont venus et tout le monde s'est mis à parler de longitudes et de latitudes : Berlin est bien plus au nord que New York et c'est déjà le printemps tandis que New York, qui est à la hauteur de Marseille, est encore sous la neige. Eitan leur a fait visiter musées, parcs, synagogues, et statue de la Liberté, il ne s'est pas ménagé, il a même invité un rabbin au repas, le Seder, pour leur faire plaisir, respecter la tradition !

LEAH. Pourquoi ?

WAHIDA. Pour me présenter ! Moi ! Leur dire « J'aime une femme depuis deux ans et cette femme s'appelle Wahida ».

— 7. Seder —

New York.
Le Seder, repas de la Pâque juive.
Etgar, David, Norah, un rabbin, Eitan.
Au milieu d'eux, Wahida entraîne Leah dans le récit.

NORAH. Wahida ?! Eitan a toujours eu le talent de nous surprendre.

ETGAR. Eitan, mon petit garçon, laisse-moi t'embrasser, laisse-moi. Tu es la joie de mes vieux jours, le cadeau de Dieu, mon petit trésor, mon petit amour !

RABBIN. Votre fils a pour vous une estime immense.

NORAH. Vous étiez donc au courant ?

RABBIN. Eitan est venu me demander conseil.

NORAH. Ah ! Et c'est vous qui lui avez suggéré de faire ce repas.

RABBIN. C'est un beau moment pour annoncer une nouvelle.

ETGAR. Quelle nouvelle !

NORAH. Ah… Eitan… Tu es incroyable !

ETGAR. Quelle belle nouvelle !

NORAH. Où as-tu déniché ce rabbin ? Vous parlez si bien l'allemand !

RABBIN. Je ne parle que moyennement bien l'allemand. Notre famille originaire d'Afrique du Sud a immigré en Roumanie, mais la Roumanie germanophone qui sera annexée à la Hongrie. Mon grand-père était grand rabbin, je ne l'ai pas connu bien sûr, il est parti en fumée avec tous les autres, mais ma mère le vénérait et je suis devenu rabbin un peu pour lui plaire. Ma mère ne s'est pas beaucoup occupée de moi à cause de la folie qui a frappé ses jours. J'étais encore jeune quand elle a cessé de parler l'anglais pour ne plus s'exprimer qu'en allemand, alors pour pouvoir lui parler j'ai appris la langue.

NORAH. C'est touchant…

RABBIN. Merci. Donc. Je poursuis. « Nous avons été esclaves de Pharaon en Égypte et le Seigneur notre Dieu nous a fait sortir de là par sa main puissante et son bras tendu. Et si le Saint n'avait pas fait sortir d'Égypte nos ancêtres, nous serions encore, nos enfants, nos petits-enfants, esclaves en Égypte. »

DAVID. Tu aurais voulu nous faire mal, tu ne t'y serais pas pris autrement.

ETGAR. David, ne va pas contre la vie.

DAVID. Qui va contre la vie ?

ETGAR. Ton fils est heureux, c'est ce qui compte.

DAVID. Il y a des choses pour lesquelles nous ne sommes pas prêts. Je ne dis pas qu'elles sont mauvaises, juste que nous ne sommes pas prêts.

EITAN. De toutes les façons, je ne vous demande pas votre bénédiction.

DAVID. Il ne s'agit pas de ça ! C'est ta vie, tu es libre, aucune loi d'aujourd'hui ne t'interdit d'aimer qui tu veux, mais il y a une autre loi, plus ancienne celle-là, ancestrale, qui prend sa source dans le sang des nôtres, et qui nous rend responsables les uns devant les autres.

EITAN. Je n'ai pas envie de me sentir coupable.

DAVID. C'est pour ça que tu te trompes.

EITAN. Je me trompe ?

DAVID. Tu as tort, tu te trompes.

EITAN. Je te parle d'amour, tu me parles de culpabilité.

NORAH. Ton père parle d'une culpabilité qui est manifestation d'une fonction phylogénétique liée aux règles édictées. C'est tout. Il parle de culpabilité en tant qu'émotion structurante qui nous rend plus empathiques, plus sensibles à la souffrance des autres. Ai-je eu tort de transgresser la règle et que faire pour rattraper mon erreur ?

EITAN. Maman, merde, je suis ton fils, pas ton patient…

NORAH. Ça ne change rien et ton père a raison. L'absence de culpabilité est la caractéristique du psychopathe pour qui l'autre n'est qu'un objet. J'en vois défiler tous les jours dans mon cabinet.

DAVID. Je te parle d'une culpabilité qui est un don. Une culpabilité particulière à notre peuple. Qu'aucun autre peuple ne peut ressentir parce qu'elle est née de ce qu'ont subi nos pères et nos grands-pères. La culpabilité du survivant. Elle guide chacun de nos choix et me libère de tout. Je pense à ceux qui sont venus avant moi pour me dire que je n'ai rien souffert. Ce sont des géants et nous sommes des nains, et si nous voyons le monde c'est parce qu'ils nous portent sur leurs épaules. Et même si je devais un jour traverser ce qu'ils ont traversé, je me dirais que je ne l'ai traversé qu'après eux.

RABBIN. Nous en étions justement à la traversée de la mer Rouge, nous pourrions y retourner.

ETGAR. C'est une bonne idée…

DAVID. Comment cette femme peut espérer te rendre heureux ?

EITAN. Comment tu peux affirmer ça ? Elle n'est pas…

DAVID. Quoi ?

EITAN. Quoi ?

DAVID. Pourquoi tu le demandes ?

EITAN. Dis-le !

DAVID. C'est évident.

NORAH. Il te pose une question, réponds-lui.

DAVID. J'ai trop de peine à l'entendre me dire ce qu'il me dit !

EITAN. Elle est arabe ? C'est ça ?

DAVID. Ne me fais pas dire ce que je ne veux pas dire ! Je ne l'ai pas insultée, je ne veux pas l'insulter, c'est certainement une personne parfaite, sans doute merveilleuse puisque tu l'aimes !

EITAN. Elle n'est pas juive ?

DAVID. Ne me fais pas dire…

EITAN. C'est ridicule ! C'est un cliché ! Ce n'est pas possible !

DAVID. Non elle n'est pas juive !

EITAN. Tu le dis tout de même.

DAVID. Je le dis, oui, arrête de me contredire, voilà elle n'est pas juive ! Elle n'est pas de notre cercle, de notre jardin. Merde ! Merde !! Voilà !!! Tu me forces à exclure quand je ne veux exclure personne ! Tu penses que ça me fait plaisir de dire d'un humain qu'il est ou qu'il n'est pas ? Et à mon fils ?

ETGAR. David. Nous en étions à la prière.

DAVID. La prière consiste à dire la vérité à son fils.

RABBIN. Il n'y a pas qu'une seule vérité, c'est là une vérité.

ETGAR. Tu as raison, mais tu ne peux pas imposer ta vérité.

DAVID. Mais je peux lui imposer celle que tu m'as transmise. Eitan, regarde ses yeux, ses mains.

ETGAR. Ça suffit…

DAVID. Cet homme a vu sa mère se faire abattre d'une balle tirée dans l'indifférence d'une cohue à la descente d'un train à bestiaux et depuis cette détonation, que tu le veuilles ou non, il nous incombe, à moi, à toi, à tes enfants et aux enfants de tes enfants, une responsabilité de survie puisque personne ne portera à notre place le goût de la cendre de nos familles disparues.

EITAN. En quoi l'un empêche l'autre ?

DAVID. Tu ne peux pas participer à la disparition !

EITAN. En quoi aimer y participe !

DAVID. La transmission, la chair, le sang.

EITAN. Qu'est-ce que tu connais au sang, à la chair, toi ?

DAVID. Par qui deviens-tu juif ? Réponds, par qui ? Par qui tu es juif ?

EITAN. Par ma mère !

NORAH. Vous vous égarez et vous nous égarez et vous m'empoisonnez la vie tous les deux !!

DAVID. Et les enfants qui naîtront de vous, est-ce qu'ils naîtront juifs si leur mère a le nom qu'elle a ?

EITAN. Mais je m'en fous que mes enfants ne soient pas juifs !

DAVID. C'est ce que je dis !

EITAN. Tant mieux, putain, ils seront débarrassés, libérés !

DAVID. C'est ce que je dis ! Tu participes à la disparition, et tu n'en as pas honte et tu nous insultes, tu insultes la mémoire de ton grand-père.

ETGAR. Mais non !

DAVID. Et tu oses me dire ça dans la langue des bourreaux !

NORAH. C'est la langue de sa mère, ça n'a rien à voir avec les bourreaux, arrête aussi de le provoquer ! Arrêtez ! Ça me rend malade de vous voir comme ça ! Qu'il l'aime, merde, qu'il l'aime ! Qui dit que ça va durer, ça ne va pas durer. Il ne vient pas nous annoncer qu'elle est enceinte ? Elle n'est pas enceinte ? Est-ce qu'elle est enceinte ?

EITAN. Maman…

NORAH. Elle n'est pas enceinte ! Ça va passer, ça lui fera une expérience, l'ouvrir aux cultures des autres, c'est très bien !

EITAN. Non ! Ça ne passera pas !

NORAH. Mais tais-toi…

EITAN. Je ne vous aurais pas fait venir si c'était juste une expérience !

DAVID. Alors pourquoi tu nous as fait venir ?

EITAN. Tu aurais préféré que je vous l'annonce par mail ?

NORAH. Mais pourquoi tu fais ça ?

EITAN. Pourquoi je fais quoi ?

NORAH. Tu nous connais, tu connais nos vies, tu nous connais ! Réfléchis, merde !

EITAN. À quoi tu veux que je réfléchisse ? Je l'aime ! C'est simple !

NORAH. Je l'aime ! C'est simple ! Tu es bête ou quoi ? Ça nous détruit ! Ça nous détruit ! Ce n'est pas sorcier ! Ce n'est pas philosophique, ni historique, ni politique, ni théologique, ni psychanalytique ! C'est simple ! Ça nous oppose, ça nous sépare et ça me tue.

EITAN. En quoi aimer sépare, en quoi te le dire te tue ?

NORAH. Ce n'est pas ce que tu dis qui me tue, c'est la manière que tu as de nous obliger à nous entretuer qui me tue ! C'est cela qui me tue ! Je ne peux pas te dire de ne pas aimer cette fille contre l'avis de ton père puisque j'ai aimé le tien contre l'avis du mien, tu comprends ? Tu fais avec ton père ce que j'ai fait avec le mien ! Tu ne me laisses aucun choix ! Je suis obligée d'être d'accord avec toi et je suis obligée d'être contre ton père et je déteste ça, tu m'entends ? Pas parce que je ne t'aime pas, au contraire, mais parce que j'aime ton père et ça me déchire ! Eitan ! Putain ! On t'aime ! Ta vie je l'ai voulue comme un attentat contre toute l'idéologie de mes parents, leurs principes, leur communisme de merde de cet Est de merde à l'ombre de ce mur de merde et leurs comités de merde et leurs discours de merde et leurs dogmes de merde qui ont éventré ma jeunesse ! J'ai été mangée, dévorée, digérée, j'ai été chiée dans les chiottes des idéaux, des utopies et des rêves de mes parents ! Alors quand je leur ai présenté ton père, c'est comme si je leur avais craché à la figure !

EITAN. Justement !

NORAH. Justement ! Tu comprends le piège dans lequel tu me pousses? Tu craches au visage de ton père, et moi je ne peux pas choisir entre vous deux !

ETGAR. Norah, vous ne pouvez pas être tous les deux contre lui !

EITAN. Je ne crache pas au visage de mon père !

NORAH. Tu craches ! Et tu craches doublement. Elle n'est pas juive et elle est arabe. Moi je m'en fous, j'ai rien contre les Arabes : c'est une Arabe, c'est son ennemi et tu ne peux pas en vouloir à ton père de penser ça ! Comment pourrais-tu en vouloir à un Juif d'être meurtri si en 46 son fils vient lui annoncer qu'il va épouser une bonne Allemande, bien blonde, bien blanche aux yeux bleus ! C'est dans notre cerveau reptilien à tous ici ! Personne, pas une tribu, ne supporte de voir partir son enfant dans la marmite de l'ennemi. L'identité du groupe ! C'est ça le mal, la misère des humains ! Mes parents nous ont caché que nous étions Juifs, pas pour nous protéger, mais parce qu'ils voulaient qu'on soit communistes ! Communistes ! Notre identité c'est le communisme ! Identité du groupe ! Diktat ! Je la hais cette matraqueuse ! C'est elle la fournaise ! La dévoreuse ! La goudronneuse ! Tu as déjà vu une goudronneuse étaler le goudron sur une jolie route de campagne ? Rien ne l'arrête ! Et nous, nous sommes les petites fourmis sur la jolie route de campagne ! Que peut une fourmi contre une goudronneuse ? Rien ! Cela est ! Il faut s'y plier ! Et les Arabes aujourd'hui sont les ennemis de ton père. C'est comme ça ! Cela est ! C'est malheureux, mais Cela est. Il y a un océan d'Arabes qui veut la destruction d'Israël. Ce n'est pas un détail ! Cela est ! Alors toi, pour qui tout n'est que molécules, tu ne peux pas dire à ton père que tu aimes qui tu aimes sans comprendre que ça le dévaste !

EITAN. Pourtant Cela est ! Cela est !

DAVID. Viens, crache-moi au visage.

EITAN. Parce que toi tu ne m'insultes pas ? Tu ne me craches pas au visage ?

DAVID. Si tu veux me parler, tu me parles en hébreu.

EITAN. Je te parlerai comme je te parlerai et comme ça viendra ! Tu m'écrases ! Vous m'écrasez, sans que je comprenne pourquoi !

RABBIN. Nous sommes tous écrasés, Eitan…

EITAN. Pourquoi alors mon grand-père qui est là, qui est sorti de la cendre des camps, pourquoi lui ne m'écrase pas ? Et pourquoi c'est la parole de mon père, qui n'a rien vécu, rien connu des événements, qui me broie ? Et pourquoi c'est l'amour de ma mère qui me tue ? Quand elle est capable à la fois de me dire je te comprends, mais je ne prendrai pas ta défense ? Pourquoi ?

ETGAR. Eitan, tes parents sont fous de toi !

EITAN. Alors pourquoi ils ne m'accueillent pas ? Tu me parles de transmission alors que c'est la question qui occupe ma vie ! Pourquoi tu souris, là ? Pourquoi ça te fait rire ? Tu n'as aucune idée devant qui tu dis ce mot ! Tu dis ce mot sans rien connaître de sa vérité, tu m'empoisonnes avec la douleur du passé dont je devrais être responsable jusqu'à étouffer ma vie alors que je suis le mieux placé pour savoir qu'il n'y a pas de transmission des douleurs ! Il n'y a rien ! La douleur ne se transmet pas de génération en génération ! Il n'y a que des accidents ! Tu entends ce que je te dis ! Je te le dis en hébreu : l'expérience d'un humain sa vie durant n'affecte aucun de ses chromosomes, quelle que soit la brutalité de l'expérience ! Aucune inquiétude n'est à la source d'aucun cancer, rien ne s'enregistre, rien ne se transforme ! Nos gènes sont indifférents à nos existences ! Indifférents ! Tes chromosomes n'ont pas inscrit les traumatismes de ton père ! Auschwitz au complet n'a pas affecté le moindre gène, le plus petit ADN de mon grand-père. Écoute ce que je te dis : en 1966, quand la semence de ton père a fécondé ta mère, il n'y avait pas de camp de concentration dedans ! Ne pars pas, assieds-toi, tu vas m'écouter ! Il n'y a pas de transmission comme tu te le figures, l'unique transmission qui existe est génétique, et la génétique est sourde, aveugle à tout affect, toute douleur ! Ce n'est pas dans le sang ni dans la chair ! C'est dans la tête ! C'est juste de la psychologie de merde ! Une éducation culpabilisante parce qu'on n'a pas trouvé encore une manière de raconter le passé aux enfants sans les faire chier, et si on les traumatise, c'est parce qu'on veut qu'ils soient traumatisés, on n'accepterait pas qu'ils s'en sortent ! Alors on a inventé ce mot, « transmission », on leur dit « transmission » parce que « assassinat », ça ne se dit pas, on leur dit « mémoire, bagages des ancêtres, responsabilité du passé » et on les tue ! Parce qu'on a de la peine, un chagrin noir sans fin ! Comment expliquer sinon qu'on n'apprend rien ? Que de génération en génération on recommence ? Si les traumatismes marquaient quelque chose dans les gènes que nous transmettons à nos enfants, est-ce que tu crois que notre peuple aujourd'hui ferait subir à un autre l'oppression qu'il a subie lui-même ! Je n'arrive pas à comprendre que vous ne soyez pas fous de joie ! Combien de fois vous vous êtes inquiétés devant ma froideur, mon manque de poésie, mon manque de fantaisie ? Et personne, personne, sauf peut-être mon grand-père, ne croyait qu'un jour un connard comme moi puisse ressentir ce qu'il ressent pour un autre être humain. Si je la perds, je meurs. Vous m'entendez ? Je respecte la douleur de mon grand-père et la tienne et celle de mon peuple, je comprends la naissance d'Israël et son importance, et dire ce que je dis me met les larmes aux yeux, mais devant l'amour rien ne tient. Est-ce que je dis une énormité en disant cela ? Mais non je n'ai rien dit. Oublie.

ETGAR. David, ce que j'ai vécu est à moi.

DAVID. Pas qu'à toi.

ETGAR. On ne se connaît pas… C'est ce que j'ai voulu dire…

DAVID. Je ne sais pas. C'est Pâque. La plus belle de nos fêtes, même si c'est celle qui m'a le plus rendu malheureux. Enfant, je ne trouvais jamais la cachette où vous dissimuliez l'afikomen. Et c'est comme si aujourd'hui, à essayer d'expliquer l'inexplicable à mon propre fils, je suis encore un enfant qui ne trouve pas la cachette où est dissimulé l'afikomen. Je sais seulement une chose. Après ce que nous avons enduré, nous ne pouvons pas nous permettre de nous soumettre à la loi du hasard.

LEAH. De quel hasard il parlait ?

WAHIDA. Je ne sais pas… J'étais sur le palier depuis une heure sans oser sonner, sans pouvoir partir, sans vouloir rester, et je les entendais se disputer dans l'amour et la peine, à ne pas se comprendre, à s'éloigner les uns des autres. J'avais envoyé un texto à Eitan : « Sur le palier. » Et j'ai attendu. Jeune femme qui ne tient rien dans ses mains. Ou presque rien. Une thèse sur un obscur diplomate du XVIe siècle, au nom imprononçable, Hassan Ibn Mohammed Al-Wazzân, qui s'est fait enlever, la dissimulation comme manière de vivre, et moi, sur ce palier, je me suis demandé si nous n'étions pas comme ça, nous les gens de mon âge, à écouter entre les étages l'effondrement des rêves.

LEAH. Tu n'aurais pas dû attendre, tu aurais dû sonner, entrer, enlever l'homme que tu aimes et partir sans te retourner.

DAVID. Tu vois ce couteau ?

EITAN. Je le vois.

DAVID. Si je te le plantais dans la gorge qu'est-ce qui se passerait ?

EITAN. Tu serais infanticide.

DAVID. Fais ta vie avec cette femme et moi je t'appellerai parricide.

David sort suivi par Norah, le rabbin puis Etgar. Eitan se lève. Il range la table puis chacun des ustensiles utilisés par ses parents dans un sac plastifié différent.

LEAH. Qu'est-ce qu'il est en train de faire ?

WAHIDA. Il garde les cuillères. Il les met chacune dans un sac en plastique. Pendant une fraction de seconde il a dû savoir, il a dû sentir, sans le réaliser, une sorte de brûlure à la conscience, je ne sais pas. Il a un esprit trop scientifique pour le déterminer.

EITAN. Je ne comprends pas que je sois le fils de cet homme !

WAHIDA. Sans doute une façon de se venger, de les réduire à l'état de miasmes juste bons pour une expérience scientifique.

LEAH. Quelle expérience ?

WAHIDA. Résumer ses parents à des languettes. Les séquencer. Les ficher dans des éprouvettes. Comparer leur ADN.

LEAH. Œil pour œil, dent pour dent.

WAHIDA. Si l'expérience lui a confirmé, pour son grand malheur, qu'il était bien né de son père et de sa mère, elle lui a révélé que ce n'était pas le cas de son propre père. David n'est pas né d'Etgar. Toute la famille est retournée à Berlin. Eitan essayait de se rappeler si quelqu'un, un jour, avait insinué une histoire, un détail. Mais rien. Cette vérité était-elle connue de tous ou non ? David le savait-il ou non ? Etgar le savait-il ou non ? Poser la question, montrer les résultats sans savoir s'ils le savaient ou non était trop dangereux. Il a alors pensé à vous. La seule qui sait, c'est celle qui a porté David.

LEAH. Il est venu pour ça ?

WAHIDA. Et il est en train de mourir pour ça ! Alors vous allez prendre vos responsabilités, vous allez appeler votre fils à Berlin et vous allez lui dire de sauter dans le premier vol avec sa femme, et s'il vous demande la raison, vous vous débrouillez pour trouver les mots qu'il faut pour lui apprendre que son fils est entre la vie et la mort !

Wahida sort. Leah reste seule.

— 8. irréalité d'un bougainvillier —

Eden armée de la tête aux pieds devant la chambre de Wahida. Wahida arrive.

EDEN. Pardon ! Est-ce que tu te souviens de moi ?

WAHIDA. Oui…

EDEN. Nous étions ensemble quand la bombe a explosé…

WAHIDA. Oui…

EDEN. Désolée pour ce qui s'est passé.

WAHIDA. Pourquoi tu es venue ?

EDEN. Je voulais te rendre ton passeport et ton portable. Après l'explosion, quand tu es partie, j'ai cru que c'était un délire. À l'aube, l'armée va envahir les premiers quartiers palestiniens. Quand l'ordre a été donné, j'ai vomi. Mais vomir, je vomis, et tout sort sauf cette bête-là. Je voulais vraiment m'excuser pour ce qui s'est passé. C'est contre tout ce qu'on m'a appris. Mais je n'ai rien vu venir. Tout a explosé avant que tout explose quand j'ai posé ma main sur ta peau et c'est comme si tout à coup il n'y a plus eu de sens à rien, à ce que je connaissais, parce que plus rien ne comptait que cette douceur-là. Je voulais caresser encore, avoir ça en moi, tu comprends ? Ce n'est pas possible quand une chose pareille s'ouvre à toi qu'elle se referme aussitôt et qu'elle disparaisse pour toujours de ta vie. Je dois partir. Eitan ?… Il est mort ?

WAHIDA. Non…

EDEN. Ah !… Merci ! La journée durant j'ai ramassé les cadavres, aidé les blessés. Il y avait un bougainvillier en fleur, rouge magnifique, et au milieu des cris, des hurlements, j'ai pensé à cette beauté dans la lumière du soleil, mais ce n'était rien ! Ni beauté ni bougainvillier, mais les restes ensanglantés d'un corps humain éparpillés contre les fils de fer barbelés.

WAHIDA. Comment tu t'appelles ?

EDEN. Eden, je m'appelle Eden.

WAHIDA. Reste avec moi, si tu veux.

EDEN. Oui !

WAHIDA. Eden au Paradise Hotel.

EDEN. L'ordre a été donné, mais ce qui reste de la nuit est à nous. Ces quelques heures, du moins, sont à nous.

WAHIDA. Parle-moi encore.

EDEN. Je ne sais pas parler.

WAHIDA. Je ne peux plus me taire.

Bombardements. Avions de chasse.

II. OISEAU DU HASARD

— 9. anonymat des joies et des chagrins —

Chambre d'Eitan. Par la fenêtre, un ciel blanchâtre. Bruits d'appareils médicaux. Bouquet de fleurs rouges dans un vase. Un préposé lave Eitan. Wahida à son chevet. Sur une table, un vase jaune.

WAHIDA. Leah a appelé tes parents. Je ne sais pas ce qu'ils se sont dit, je sais juste que le premier avion depuis Berlin vient d'atterrir. Un piège se referme. Je vacille, Eitan. J'essaie de me raccrocher à ma thèse, mais ça m'apparaît si convenu, si faux. J'ai relu mes notes et au milieu de mon bordel, je suis tombée sur la photo d'une fresque de Raphaël représentant un éléphant. J'avais oublié ce détail. Quatre ans avant qu'Al-Wazzân soit offert en cadeau au pape, le roi du Portugal avait offert à ce même pape un éléphant blanc des Indes. Hanno. C'était son nom. Il était de toutes les fêtes, de toutes les processions, et son portrait orne encore quelques fontaines romaines, jusqu'à cette fresque que Raphaël a réalisée en son honneur. Wazzân : rien ! Ou si peu. Et rien sur ceux qui ont été enlevés avec lui. Cinq siècles plus tard, l'étage ici est toujours plein de désastres et dans chaque chambre des gens sidérés par l'inquiétude. On ne connaîtra jamais leurs noms. Je pense à tes parents, à ce coup de fil qu'ils ont reçu au milieu de la nuit leur annonçant que leur fils est entre la vie et la mort, à l'amour qu'ils ont pour toi, et je me sens écrasée, écrasée par l'immense anonymat des chagrins, quand les textes qui témoignent de ce putain d'éléphant pourraient remplir cette chambre.

Wazzân est là.

WAZZÂN. Pourquoi tu te fâches contre ce pauvre éléphant ?

WAHIDA. Pourquoi je m'intéresse à toi, Hassan Ibn Mohammed Al-Wazzân ? Ça va changer la vie de qui ? Ça va consoler qui ? Qu'est-ce que tu veux que ça me fasse que tu aies dissimulé ta conversion ou non ?

WAZZÂN. Tu as raison.

WAHIDA. Mes amis me demandent quand je vais finir mon roman ! Ils te prennent pour un personnage de fiction.

WAZZÂN. Wahida… Le passé est marqué d'un indice secret. Tu crois que ma vie va t'apprendre quelque chose, mais ma vie, comme la tienne, est parsemée de manques. Tu as raison : un nom sur une pierre, ça ne dit rien des douleurs et des joies, et les cimetières sont remplis d'anonymes. Qu'au milieu de ce naufrage un éléphant ait été repêché par l'Histoire parce qu'il a été objet d'acclamation, source de joie pour des humains, enchantement pour des vies difficiles, on peut au moins se réjouir pour l'éléphant.

Leah entre. Le préposé sort.

LEAH. Les parents d'Eitan arrivent et ils ne vont pas être beaux à voir.

WAHIDA. Je vais partir.

LEAH. Tu vas rester. Je te présenterai. Ça suffit. Trente-cinq ans que je n'ai pas vu mon fils, tu crois que j'ai envie de rester ?

WAHIDA. Vous allez leur dire quoi ? Je suis votre petite-fille ?

LEAH. La vérité.

WAHIDA. Ça ne fera qu'empirer les choses.

LEAH. On n'a rien sans rien. Tu crois qu'on aime un Juif comme on aime un cupcake ?

WAHIDA. Je n'aime pas « un Juif » ! J'aime Eitan !

LEAH. Quand on aime on ne s'enfuit pas.

WAHIDA. Ils voudront être seuls avec leur fils !

LEAH. De quoi tu as peur ?

WAHIDA. C'est à cause de moi tout ça.

LEAH. Tu t'es déjà regardée ?

WAHIDA. Non !

LEAH. Tu devrais ! Ton visage est une bombe atomique à lui tout seul, tu as une arme de destruction massive et au lieu de l'utiliser pour défendre ton amour, tu restes là à demander la permission, à faire ta gentille, femme parfaite à marier avec ton petit cul de merde dans ton jean de merde comme si tu ne le savais pas ce que tu provoques !

WAHIDA. Bientôt je serai aussi vieille et aussi moche que vous !

LEAH. Tu devrais te saouler, te faire baiser par un vrai mec. Sucer une grosse bite. Ça te décoincerait.

WAHIDA. Rarement rencontré quelqu'un d'aussi méchant.

LEAH. T'avais qu'à pas venir frapper à ma porte !

WAHIDA. Prévenez-moi s'il se réveille.

LEAH. Comment veux-tu sans toi ? Tu es venue me voir, tu m'as dit « prends tes responsabilités ». À ton tour. Fais face et joue ton rôle ! Toi la jeune, moi la vieille salope ! Pas l'inverse !

WAHIDA. Tout est gâché, vous ne comprenez pas ?

LEAH. Tu n'as aucune espèce d'idée à qui tu dis ça.

Wahida sort.

— 10. présentation et retrouvailles —

Leah reste seule au chevet d'Eitan. Temps. Elle lui caresse la main.
David et Norah entrent avec leur valise. Trop habillés pour le climat. Leah leur tourne le dos. David se précipite vers le lit d'Eitan tandis que Norah reste interdite.

DAVID. Où est le médecin ?

LEAH. Il ne devrait pas tarder.

DAVID. Norah, voici Leah. Ma mère.

LEAH. Vous êtes la femme de David, c'est ça ?

NORAH. Pardonnez-moi. Mon hébreu est affreux.

LEAH. Ne vous en faites pas, c'est réciproque : j'ai une haine profonde pour tout ce qui est allemand. Voitures, langue, gaz, trains et savons. Vous avez fait bon voyage ? Je suis désolée pour votre fils. Tout ça est assez nouveau pour moi. Vous comprenez, Norah, je n'ai pas le sens de la famille. Quant à l'instinct maternel, n'en parlons pas. David était adolescent quand on s'est vus la dernière fois. Il était venu me rendre visite l'été qui a suivi le divorce. Il vous a raconté ?

NORAH. Non.

LEAH. Il n'a pas beaucoup changé. Il a pris du ventre, il a l'air d'un vieillard, je ne l'aurais pas reconnu.

NORAH. Vous connaissiez Eitan ?

LEAH. On m'a appelée, on m'a dit que le fils de mon fils était à l'hôpital.

DAVID. Tu as parlé aux médecins ?

LEAH. Tout le monde est débordé.

DAVID. On voit bien que tu ne sais pas ce que c'est que d'avoir un enfant.

LEAH. Fais un tour dans les chambres d'à côté, tu comprendras. C'est un pays psychiatrique ici, Norah, à chaque attentat c'est pareil. Nous ne savons plus qui nous sommes et nous nous trompons sur les autres.

DAVID. Qu'est-ce qu'on fait ici ?! Pourquoi on est ici ?!

LEAH. À l'époque où David est venu me voir, les Palestiniens explosaient au milieu des foules, dans les bus et aux terrasses des cafés. On a alors construit le mur et on a été tranquilles jusqu'aux attaques à l'arme blanche. C'était avant le cauchemar des adolescents enlacés. Vous en avez entendu parler, j'espère ? Une Juive de Tel-Aviv et un Palestinien de Bethléem, tous deux âgés de seize ans, se sont fait exploser, enlacés l'un à l'autre parce que leurs familles empêchaient leur passion. C'était si effroyablement beau, si horriblement émouvant que d'autres couples de leur âge les ont imités. Ça a duré des mois. On s'est mis à paniquer au moindre baiser. Notre gouvernement a bien tenté de prouver qu'aucun Juif n'était impliqué dans tout ça, qu'il n'y avait que des Arabes, mais quand les analyses de sang ont révélé un bazar sans nom, un mélange dans nos généalogies, nos ADN, ou je ne sais quoi, on a arrêté d'analyser parce qu'on était en train de nous démontrer à nous-mêmes que Juifs ou Arabes, on était tous pareils. Alors on a créé le terroriste palestinien nouveau genre qui userait d'une drogue fabriquée en Iran, sorte de philtre d'amour qui annulerait tout libre arbitre, pour précipiter dans la mort de jeunes Israéliens déguisés en Roméo et Juliette kamikazes. Quand tout ça ce n'était que de l'amour. Ou le manque d'amour. Voilà pourquoi cet attentat sur le pont Allenby où votre fils a failli perdre la vie n'émeut pas la population. Au contraire. Il rassure, comme un retour à la normale. Enfin un attentat « vintage », où les Juifs pensent que ce sont les Arabes et les Arabes, les colons.

DAVID. Je ne sais pas ce qui est le plus insupportable : voir Eitan dans ce lit ou te voir toi dans cette chambre.

NORAH. Madame Zimmerman…

LEAH. Pas ce nom !

NORAH. Pourquoi Eitan est venu en Israël ?

LEAH. Pourquoi pas Israël ?

NORAH. On ne part pas en vacances en se disant « pourquoi pas Israël ». Son passeport indique une arrivée il y a dix jours.

LEAH. Et toujours pas de printemps.

NORAH. Que faisait-il sur le pont Allenby vers la Jordanie ?

LEAH. J'en sais rien, on m'a appelée, je suis venue.

DAVID. Bien. Merci. Nous sommes là. Tu peux partir.

LEAH. Tu es gentil, mais je n'ai pas besoin de ta permission ni pour partir ni pour rester. Tu crois que je n'ai pas de cœur, tu n'as encore rien vu. Vous voyez, Norah, je suis une mère indigne. Et je méprise les gens qui me témoignent de l'attention. J'ai abandonné mon fils et ce fils est votre mari, mais vous, bien sûr, vous êtes une femme formidable.

NORAH. Leah… C'est bien votre nom, n'est-ce pas ? Je crois que ni vous ni moi n'avons envie d'en savoir plus que ce que nous devinons l'une de l'autre, alors je vais vous expliquer. David et moi avons passé la soirée d'hier à la galerie Lars Friedrich, à Berlin, où nous avons vu le travail d'un peintre qui peint exclusivement avec son sperme. C'est un de mes patients. Il se branle trois fois par jour et recueille sa semence dans un petit pot. Il fait pourtant des grands formats. Il est juif.

Comme nous ! Et la question qui le torture est de savoir s'il contrevient ou non à la Torah. En effet, l'interprétation de Genèse 38, verset 9, affirme que le sperme de l'homme doit servir à la vie et ne peut être dilapidé. Alors est-ce qu'une œuvre d'art c'est la vie ? Ou est-ce que la création artistique est une dilapidation du sperme de l'homme ? David croit que oui. Moi je crois que non. Nous nous sommes donc violemment disputés, nous sommes rentrés et nous nous sommes couchés sans se dire un mot avant d'être réveillés par le coup de fil d'Etgar pour nous annoncer que notre fils, à qui nous n'avons pas parlé depuis ce putain de repas et que nous pensions à New York, était en fait à Jérusalem et faisait partie des victimes de l'attentat sur ce putain de pont qui sépare Israël de la Jordanie. Pendant ce temps donc où on se chamaillait à propos des éjaculations masturbatoires d'un artiste à la mode, nous ne savions pas que notre fils était entre la vie et la mort. Nous ne le savions pas ! Avoir conscience de ce temps-là, c'est avoir conscience d'un trou, qu'on a envie d'arracher de son crâne à coups de couteau, à la tenaille, vous comprenez, Leah, je suis certaine que vous comprenez, n'est-ce pas ?

LEAH. Eitan n'est pas venu seul. Voilà. Débrouillez-vous.

DAVID. Qui ?

LEAH. Qui à ton avis ?

NORAH. Son amie ? C'est elle qui vous a prévenue ?

LEAH. Oui.

DAVID. Et pourquoi elle t'a prévenue toi ? Et pourquoi toi, tu ne m'as pas appelé moi ? Pourquoi tu as appelé papa ?

LEAH. Je n'avais pas envie d'entendre ta voix.

DAVID. Pourquoi tu fuis toujours ?

LEAH. Je ne fuis pas, je m'en fous !

DAVID. Tu te fous de ce qui arrive à Eitan ?

LEAH. Qui est Eitan ? Un inconnu… Un inconnu… Et toi aussi un inconnu, et celle-là aussi, qui n'a pas honte de parler du sperme d'un autre devant son mari ! Alors rassure-toi ! Tu n'as pas à te sentir trahi.

DAVID. Être abandonné par ta mère te vaccine contre la trahison.

LEAH. Je ne suis pas ta mère, je te l'ai déjà dit.

DAVID. Tu es tellement heureuse quand tu le dis !

LEAH. On ne se connaît pas, c'est ce que j'ai voulu dire.

DAVID. Qui es-tu alors ? Vas-y, ne te prive pas, je t'écoute !

LEAH. Non. Tu es aussi sourd qu'aveugle, tu n'entends rien, tu ne vois rien. Comme ton père.

Il est où celui-là ? Pourquoi Etgar n'est pas avec vous ?

NORAH. Je ne voulais pas qu'il se lève à l'aube. Il a pris l'avion suivant.

Médecin et infirmiers entrent.

— 11. diagnostic —

David et Norah se présentent au médecin. Les infirmiers relèvent les données de l'encéphalogramme et de l'électrocardiogramme.

MÉDECIN. Son état s'est stabilisé, mais le traumatisme qu'il a subi est important.

DAVID. Est-ce qu'il va se réveiller ?

NORAH. Pardon. Pourriez-vous parler en anglais ?

MÉDECIN. Pardon. Oui. Il est hors de danger. Nous avons maintenu son coma pour contrôler sa température et lui administrer des médicaments puissants, mais ce matin nous avons mis en place le protocole pour favoriser son réveil. À partir de maintenant, il s'agit d'entourer Eitan. Restez avec lui. Pas tout le temps. Un peu. Parlez-lui. Un peu. Dans sa langue maternelle.

DAVID. L'hébreu.

NORAH. L'allemand. Sa langue maternelle est l'allemand.

MÉDECIN. Ce qui compte ce sont les voix des êtres qui lui sont chers. Ses parents, ses amis.

DAVID. Ses amis sont à Berlin.

NORAH. Ou à New York.

LEAH. Mais sa fiancée est ici.

MÉDECIN. Plus l'attachement émotif est grand, plus le cerveau entre en activité. On se reconstruit par affection.

Le médecin et les infirmiers sortent.

DAVID. Je ne veux pas voir cette fille ici !

LEAH. Je vais la chercher. Vous allez voir, elle est charmante.

Elle sort.

DAVID. C'est un cauchemar.

Temps. Norah saisit la télécommande et allume le téléviseur.

TÉLÉVISEUR. L'opération « Nuage de grêle » a pris une ampleur inédite avec l'intervention des quatre mille soldats déployés sur l'ensemble des territoires palestiniens, appuyés par les chars d'assaut, les avions de chasse et les destroyers de la Marine. Le ministre de la Défense a déclaré que le gouvernement devait se préparer à une escalade et le premier ministre a indiqué qu'Israël « allait tout mettre en œuvre pour éradiquer une bonne fois pour toutes les organisations terroristes palestiniennes». Pendant la nuit, trois soldats israéliens et cinq civils ont été tués par les roquettes abattues sur la ville de Nahariyya.

DAVID. Tu peux éteindre cette télé !?

TÉLÉVISEUR. Soixante-dix Palestiniens ont été tués alors que les pays arabes s'apprêtent…

Norah éteint le téléviseur.

DAVID. De toute manière tu ne comprends rien !

NORAH. Comment j'ai pu penser pouvoir éviter ça…

DAVID. De quoi tu parles ?

NORAH. Ce pays. Ce vase est vraiment immonde !

DAVID. Où vas-tu ?

NORAH. M'occuper de la fille…

Elle sort. David ouvre la fenêtre. Avion de chasse. Il referme la fenêtre. S'assied à côté d'Eitan.

— 12. le premier jour —

Temps orageux par la fenêtre.

DAVID. Le monde peut disparaître, s'effacer, je m'en fiche… L'univers au complet pèse moins lourd qu'un seul battement de ta paupière… Je n'ai que toi. Je ne sais pas ce que je dis en disant ça, et je ne sais pas pourquoi je te le dis. Je ne me suis jamais senti aussi seul. C'est comme une mort que je porte en moi, un cadenas, et ta vie en est la clef. Tu te souviens de ce que je te racontais ? Si tout a été créé au cours des six premiers jours, en quoi le premier jour se différencie-t-il des autres ? Je te disais alors qu'en créant le ciel et la terre au premier jour, Dieu a créé les nombres. Tu ne comprenais pas, tu avais raison, c'était une jolie bêtise, savante comme toutes les bêtises. Je vois à présent. Dieu a fait de ce premier jour un jour unique pour qu'à jamais le parent aime son enfant d'un amour qui précède toute chose. Et créant cet amour, Dieu a créé la douleur de voir le fils partir avant le père. Il faut des armoires pour enfermer une douleur pareille. L'enfant guérit son parent, mais quand disparaît le fils, comment espérer guérir le père ? C'est alors la maladie éternelle. L'enfant est toujours meilleur que le parent, le fils meilleur que le père, toi meilleur que moi. La preuve ? L'afikomen. Enfant, je n'ai jamais réussi à trouver la petite cachette où on dissimulait l'afikomen. On avait beau le cacher dans les cachettes les plus évidentes, les plus visibles, j'avais beau l'avoir sous les yeux, je ne trouvais jamais la cachette ! Toi, dès ton premier Seder, tu avais trois ans, tu as mis la main dessus sans hésiter. Eitan, tu m'entends ? J'ai été tellement surpris. Reviens, Eitan, et voyons. Tout serait possible si tu ouvrais les yeux. Tout. Eitan. Je t'en prie. Je t'en prie…

La pluie bat contre les vitres.

— 13. une sale besogne —

Salle d'attente à l'étage de la chambre d'Eitan. Norah et Wahida.

NORAH. Je n'avais aucune envie de voir ta tête, encore moins de te parler, mais il a toujours été entendu qu'entre mon mari et moi, c'est David qui souffre le plus, lui le plus fragile.

WAHIDA. Vous êtes donc en charge des sales besognes.

NORAH. Tu aimes mon fils ?

WAHIDA. J'aime Eitan.

NORAH. Qu'est-ce que vous faisiez sur ce pont ?

WAHIDA. Nous allions à Amman avant de poursuivre vers Médine puis La Mecque.

NORAH. Tu espérais le convertir à l'islam ?

WAHIDA. Vous méprisez à ce point votre fils ?

NORAH. S'il te plaît, ne me provoque pas et ne pense surtout pas m'émouvoir en t'adressant à mon cœur de mère. Je comprends très bien que tu te sois entichée d'Eitan. Quand j'étais jeune, j'étais aussi belle que toi et tout comme toi je ne savais pas comment gérer cette beauté qui me donnait envie de me défigurer. Pour des femmes comme nous la solution est de se ranger auprès d'un homme simple, monosyllabique d'une certaine manière, bon mari comme on dit.

WAHIDA. Ça n'a plus aucune importance. Eitan et moi nous ne nous relèverons pas.

NORAH. Votre amour tu veux dire ?

WAHIDA. Rassurez votre mari.

NORAH. Je n'ai rien contre toi.

WAHIDA. Ni pour ni contre. Qu'est-ce que vous me voulez ?

NORAH. Qu'est-ce que mon fils, qui est juif, allait faire à La Mecque avec une Arabe ?

WAHIDA. Vous ne comprendriez pas.

NORAH. Pourquoi ?

WAHIDA. Vous ne croyez pas à l'amour.

NORAH. L'amour. C'est joli comment tu dis ça. On dirait une fillette qui habille sa poupée. Tu penses que je suis ta petite copine ? Tu veux qu'on parle de nos problèmes avec les garçons ? Qu'on se donne nos secrets ? As-tu une idée de ce qui se cache dans les labyrinthes d'une mère qui voit son fils entre la vie et la mort ? Ça t'arrache le cœur, et quand il n'y a plus de cœur, il n'y a plus d'amour, n'est-ce pas, que le désastre de la vie que tu as essayé de construire, pour laquelle tu t'es battue et qui est en train de se foutre en l'air sans que tu comprennes exactement pourquoi. Alors ne me parle pas d'amour si tu ne veux pas que je t'égorge. Comment tu t'appelles ?

WAHIDA. Wahida.

NORAH. C'est joli. Exotique. Regarde-moi, Wahida. Regarde mon visage. Qu'est-ce que tu vois ?

WAHIDA. Le visage d'une femme triste !

NORAH. Tu es mignonne. C'est le visage d'une chienne. Plus celui d'une femme, d'un humain, d'une mère, d'une psy, d'une Juive, d'une Allemande, non. D'une chienne. Prête à mordre pour sauver son monde, et mon monde est en train de se détruire, et je ne sais pas ce qui le détruit. Il ne tient plus qu'à un fil, et pour que ce fil tienne j'ai besoin de savoir ce qui s'est passé. Alors toi, Wahida, ma beauté fatale des *Mille et Une Nuits*, ma chérie, mon amour, tu vas me sortir du brouillard, tu vas me dire ce qui s'est passé depuis notre visite à New York, pourquoi il a pris soudainement congé de son labo et, surtout, surtout, tu vas m'expliquer en détail ce que vous êtes venus fabriquer ici tous les deux.

WAHIDA. Ce n'est pas à moi de vous le dire. *(Temps.)* Eitan voulait parler à sa grand-mère.

NORAH. Pourquoi ? *(Temps.)* Pourquoi !

WAHIDA. J'aurais voulu que ce soit moi. Tout aurait été pour le mieux.

NORAH. David aussi pense que le mieux existe dans les événements de la vie. Il est comme son père, comme Etgar. Il dit que si un tel était mort à la place d'un tel cela aurait été mieux. Que si un tel avait vécu plus longtemps cela aurait été mieux. Il est superstitieux, il croit au destin.

WAHIDA. Sauf que David n'est pas né d'Etgar. *(Temps.)* Vous ne le saviez pas… ? Est-ce que David le sait ? Est-ce qu'Etgar le sait ? Leah le sait certainement. L'animal femelle sait de qui elle a accouché. Une mère sait qui elle est et qui elle n'est pas. C'est ce qu'Eitan est venu demander à Leah, mais Leah lui a fermé la porte au nez ! Si David, ce soir-là, avait accepté qu'Eitan lui présente la femme qu'il aime, vous ne seriez pas aujourd'hui réduite à n'être plus qu'une chienne. La sale besogne reste à faire, madame.

— 14. une manière d'être regardée —

Leah entre.

LEAH. Si vous êtes en train de discuter du lieu du mariage, il faudra faire vite parce qu'ils sont en train de boucler une partie de la ville. Le quartier musulman n'est plus accessible, il y a eu d'autres tirs de missiles depuis le Sud-Liban et ils craignent de nouveaux attentats.

NORAH. L'aéroport ?

LEAH. Ça doit être la cohue.

NORAH. Il pourrait fermer ?

LEAH. Il rouvrira.

David entre.

DAVID. Qu'est-ce qui se passe ?

LEAH. On parle du mariage, mais on n'arrive pas à décider du menu : kasher ou halal.

NORAH. L'aéroport pourrait fermer.

DAVID. Papa devrait déjà être là. *(Il sort son portable et compose un numéro.)* Va savoir où il est maintenant !

NORAH. Il est en train d'arriver. David écoute-moi.

DAVID. Pourquoi il est venu !

LEAH. C'est moi qui l'ai forcé.

DAVID. Quoi ? !

NORAH. David !

DAVID. Pourquoi tu as fait ça ?

NORAH. David, avant que l'aéroport ne ferme il faut qu'on parte d'ici. Il y a sûrement moyen de transporter Eitan à Berlin par avion.

DAVID. Qu'est-ce que tu racontes ? *(Il ferme son portable.)* Répondeur…

NORAH. Son avion a peut-être du retard.

DAVID. Merde !

NORAH. Ou il n'a plus de batterie ou il n'entend pas. David, il faut essayer de partir. Si le pays ferme on est coincés.

DAVID. C'était quoi l'idée de venir ici, putain ?! Qu'est-ce qui vous a pris ? Vous vouliez lui prouver quoi ?

NORAH. Arrête !

DAVID. Qu'est-ce que vous avez été foutre sur ce putain de pont ! Vous vous êtes mariés et c'était votre lune de miel ? C'est ça ? Jérusalem d'abord, La Mecque ensuite ?

NORAH. Ça suffit ! Elle n'y est pour rien.

DAVID. Je sais qu'elle n'y est pour rien ! Si elle n'était pas foutue comme ça, tu penses qu'on serait dans cette merde ?

LEAH. Tais-toi, David !

DAVID. Ne me dis pas de me taire, personne ne me dit de me taire, surtout pas toi ! Qu'est-ce que tu crois qu'il s'est passé dans la tête de ton fils quand il a vu ça ! Ou vous n'avez aucune conscience de vous-même ou vous êtes une vraie pute ! Ou tout ça à la fois, j'en sais rien ! Eitan est un garçon simple qui n'aspire qu'à une vie simple, qu'est-ce que vous aviez besoin de venir tout foutre en l'air ?! Vous ne voyez pas que vous êtes trop pour lui ? Tous les hommes doivent vous tourner autour, vous n'avez qu'à faire « ça » pour avoir celui que vous voulez, alors pourquoi lui ? Pourquoi vous ne l'avez pas laissé tranquille ?

WAHIDA. Si j'étais juive, est-ce que vous diriez encore que je suis trop belle pour Eitan ?

DAVID. Mais vous n'êtes pas juive ! Justement ! Justement ! Vous ne voyez pas ce qui se passe dehors ? Vous ne voyez pas qui tire sur qui et qui tue qui ? Vous êtes musulmane, vous êtes arabe non, vous êtes arabe ? Ça ne vous fait rien d'être là ? Au milieu de nous ? Vous n'avez pas le sentiment d'être du mauvais côté ? Vos parents, ça ne leur fait rien de savoir que vous aimez un garçon qui s'appelle Eitan Zimmerman ?

WAHIDA. Mes parents sont morts, monsieur.

DAVID. Tant mieux pour vous ! Pardon, mais là, maintenant, je m'en fous ! C'est mon fils qui est allongé à côté, pas vous ! Alors pardon pour vos parents, mais je m'en fous !

WAHIDA. Ne vous excusez pas, je n'ai pas besoin que l'on me plaigne, ce qui ne semble pas être votre cas. Mais arabe ou pas, musulmane ou pas, penser que ce n'est que par mon cul que j'ai charmé votre fils, parle davantage de votre manière de considérer votre fils et de votre manière de me regarder, que de mon histoire avec Eitan. À ces regards-là, je suis habituée. Sachez tout de même que si Eitan est venu ici, s'il est allongé dans la chambre d'à côté, c'est pour vous ! Pour l'amour qu'il a pour vous ! Parce qu'il cherche avant tout à vous protéger, vous !

DAVID. Me protéger ? Me protéger de quoi ?

WAHIDA. Je ne sais pas ! Demandez à votre femme ! Demandez à votre mère ! Demandez à votre père ! Depuis quand un homme comme vous espère d'une Arabe comme moi les réponses profondes qu'il attend de la vie ?

Le téléphone de David sonne. Celui-ci répond.

DAVID. Papa ? Tu es où ? / Tu es arrivé ?! / Au huitième étage ! / Tu es où ? / Ne bouge pas, j'arrive, ne bouge pas ! *(Il raccroche.)* Il s'est perdu dans l'hôpital, je vais le chercher.

Il sort.

NORAH. Tu devrais partir. Rentrer chez toi, retrouver tes amis et oublier ce cauchemar qui va finir par te broyer.

WAHIDA. Je suis déjà broyée ! On est tous broyés !

Elle sort.

NORAH. Si l'aéroport ferme, il y a un autre moyen de partir ?

LEAH. Au nord c'est le Liban. Impossible. La Syrie, inutile d'y penser. Au sud l'Égypte, mais ils ne nous aiment pas beaucoup. Il y a la Jordanie, mais avec l'attentat sur le pont, autant se rabattre sur les trois premiers. Sinon, il y a toujours l'enfer.

NORAH. Il faut absolument qu'on parte d'ici.

LEAH. Oui, on a tous envie de fuir. Pourtant il faudra bien faire face.

NORAH. Non. Il ne faut faire face à rien ! Rien ! Depuis des années tout le monde s'est tenu loin de tout le monde. Jamais vous n'avez cherché à nous voir, ni nous à vous voir. Jamais on ne prononçait votre nom. Vous n'étiez pas morte, vous n'existiez pas. Cette rencontre est un accident. Une faute. Elle n'a même pas eu lieu ! Alors on ne fait face à rien ! On se tait et on ne dit rien ! Oui, je sais. David n'a pas besoin de savoir, David ne doit rien savoir ! Rien ! On continue. On continue comme avant.

LEAH. Trop tard. C'est trop tard. Je ne me tairai plus.

NORAH. Leah, je vous en prie, à genoux, je vous en supplie !

LEAH. Non, Norah. Je n'ai plus la force.

NORAH. Il vous reste la méchanceté ! Leah, écoutez-moi, la vérité n'est pas un jeu. C'est pire que la justice, pire que tout, c'est une babiole effroyable. Croyez-moi ! Il m'arrive parfois de la voir dans la vie de mes patients, six ans, dix ans avant qu'ils ne soient eux-mêmes en mesure de l'entendre. Il y a un temps juste pour le mensonge et un temps injuste pour la vérité.

LEAH. Trop tard ! Toi, tu as ton fils à côté, vivant et hors de danger, et quand il va se réveiller tu vas pouvoir l'embrasser, le gronder, tu vas pouvoir te disputer avec lui et après tu vas pouvoir te réconcilier et l'embrasser encore ! Moi, ça fait trente-cinq ans que j'attends, je suis pleine de tendresse étranglée, d'affection brûlée, je ne peux plus colmater, et tout se fissure et prend l'eau de partout ! C'est étrange un cœur de mère, n'est-ce pas Norah ? on croit enfin qu'on n'a plus de cœur, ou qu'enfin il est devenu de pierre, on pavoise. Regardez, je suis une femme méchante et en un instant quand je l'ai vu entrer dans la chambre tout s'est écroulé, s'est effondré, toute la pierre, et j'ai compris que tout était toujours comme il y a longtemps quand il venait pleurer dans mes bras ! Qu'est-ce que tu crois qu'il s'est passé quand je vous ai vus entrer ? Ce cœur que je ne croyais plus avoir m'a sauté à la gorge !

NORAH. Restez méchante, Leah, la plus méchante possible ! Si vous l'aimez encore, alors qu'il vous déteste encore plus ! Qu'il veuille s'en aller sans plus jamais souhaiter vous revoir.

LEAH. Je n'ai plus l'âge ni pour la méchanceté ni pour le pardon ni pour rien. Le couteau planté dans la plaie, il faut bien le retirer ! De nous deux, qui est la plus proche de la mort ? Tu sais ce qui se passe alors ? Tu es envahie par les regards que tu n'as pas eus. Soudain, tu te surprends à avoir envie d'un regard différent de la part des êtres que tu détestes et qui te détestent. Tu t'assois après avoir fait les courses et dans ta maison vide tu te demandes pour qui tu as fait ces courses et parfois, pour rire, tu poses deux assiettes sur la table et cet enfant que tu n'as plus, que tu as chassé toi-même en usant des mots les plus durs, tu te mets à discuter avec lui et au cours du même repas, il a dix ans et tu le grondes parce qu'il a déchiré ses vêtements, il a dix-sept ans et tu le consoles parce qu'il a une peine d'amour, il a vingt-huit ans et tu lui donnes des conseils sur son travail, il a trente-cinq et tu l'embrasses parce qu'il t'apprend que tu vas être grand-mère et tout ça le temps d'un repas qui dure un quart d'heure seule dans ta maison vide et quand tu voulais rire voilà que tu pleures et tu te lèves et tu fais la vaisselle tu laves ton assiette et l'assiette propre de l'enfant tu la laves aussi et ton comptoir tu le nettoies à la perfection. Tu comprends ? Alors ne me demande plus d'être méchante, pas contre lui. Si cet ange tombé du ciel n'était pas venu cogner à ma porte, j'aurais encore pu, mais à un ange on ne refuse rien alors pardon, mais je veux une fois pouvoir être regardée par lui, de ce regard-là auquel j'ai tant rêvé et je te jure que ce regard il va me le donner. Il va se traîner au sol, il va me demander pardon de m'avoir parlé comme il m'a parlé, mais il va me le donner.

NORAH. Vous ne l'aurez jamais. David ne voit rien, n'entend rien de ce que les autres ressentent pour lui. En mal ou en bien. Il n'y a que ce que lui ressent. David croit avoir raison sur tout, pas par orgueil, mais par entièreté. Et c'est pour ça qu'on l'aime ! Un monstre, un monstre ! Merveilleux et insupportable monstre et, comme tous les monstres, s'il s'écroule il va tout emporter avec lui ! Le couteau, laissez-le planté dans votre plaie, parce que c'est moi qui vis avec David, qui partage son lit chaque jour, et je ne pourrai pas faire face à l'hémorragie. Ça n'a aucune importance de qui est né l'homme qui est là. David est le fils d'Etgar. Point.

Etgar entre accompagné d'un infirmier.

ETGAR. Enfin ! Quel dédale avec tous ces malades et ces civières !

NORAH. Tu as vu David ?

ETGAR. Il n'est pas là ?

NORAH. Il est parti à ta recherche. Assieds-toi. Il va revenir.

ETGAR. Tu as pleuré, ma chérie, qu'est-ce qui se passe ?! Eitan !

NORAH. Il est vivant, rassure-toi.

ETGAR. Ah ! Merci ! Merci ! Vivant ! Il y a une justice ! J'étais si inquiet, je n'avais plus de nouvelles ! Je peux le voir, cet ange de Dieu ?

NORAH. Il est toujours inconscient, mais tu le verras. Repose-toi d'abord. Tu reconnais Leah ?

ETGAR. Leah ?... David m'attend peut-être en bas, je vais aller voir, sinon il va encore se fâcher...

NORAH. Reste ici. Assieds-toi, je vais aller le chercher.

Wahida entre. Etgar s'assoit. Norah sort.

— 15. l'enfer —

Etgar regarde Wahida.

ETGAR. Quelle histoire. On est partis de Berlin avec deux heures de retard et on nous a contrôlés trois fois à l'arrivée. D'abord en cabine, puis à la sortie de l'avion, ensuite à la douane. Une cohue, je ne peux pas te raconter, sans cordons, ni rien. Deux heures pour s'en extirper. Et encore, moi, j'ai un passeport israélien, mais les autres, ils y sont encore. Si tu avais vu ça. Il y avait tellement de monde, au moins dix avions, nous étions si serrés. Il y en avait un à côté de moi, de mon âge, on s'est regardés, il a dit : « On nous conduit au four ou quoi ? » On a rigolé. N'empêche. Il suffit qu'on me mette au milieu d'une foule qui va à petits pas serrés pour que je me retrouve en enfer.

WAHIDA. Pardon, monsieur, mais je ne parle pas allemand. Je profite de ce que ni David ni Norah ne sont là. Si vous voulez qu'Eitan se réveille, il faudra lui raconter l'histoire de son père. Pardon d'être brutale. Si vous voulez le guérir, il faudra lui dire la vérité. Dites-lui la vérité qu'il est venu chercher.

ETGAR. Mais toi ? Qui es-tu ?

WAHIDA. Je suis celle qui aime Eitan. Quand Eitan se réveillera, dites-lui de ne pas me chercher. Que je reviendrai. Dites-lui que j'ai trouvé les lignes fondamentales de ma thèse et que je dois aller les résoudre. Dites-lui que je l'aime et que je veux qu'il aille au bout de son gouffre comme moi je vais essayer d'aller au bout du mien.

LEAH. Tu vas me promettre de rester en vie et surtout de ne plus demander de permission à personne.

WAHIDA. Ça va, espèce de vieille sorcière. J'ai compris la leçon : je vais changer de jean et de ce pas aller sucer quelques grosses bites. Au revoir, monsieur.

Elle sort.

LEAH. Ça nous rattrape, n'est-ce pas, Etgar.

ETGAR. Pas le temps de souffler alors…

LEAH. Trente-cinq ans que tu souffles, ça suffit.

ETGAR. Oui. Tu as toujours eu ce que tu voulais.

LEAH. Tout. Sauf l'amour de l'enfant. La tranquillité de mon âme. Ma conscience. Ce que tu m'as volé. Viens maintenant. On va payer notre dette.

Ils entrent dans la chambre d'Eitan. S'assoient à son chevet. Après un long silence, passant par les mots englués, ils se mettent à parler à Eitan. Le jour passe, les avions traversent le ciel et la parole se déploie, tantôt lui, tantôt elle, jusqu'à la nuit tombée où ils doivent partir. Entre eux rien n'est réconcilié. La parole a été donnée comme un fait.

— 16. le temps du gouffre —

Soir, chambre d'Eitan. Un employé nettoie le plancher. Les machines émettent leurs sons. Puis l'encéphalogramme s'agite et les signaux cardiaques s'accélèrent. Eitan se réveille. Il se redresse. Entre Eden. Elle est armée et porte un habit militaire.

EITAN. Wahida ?

EDEN. Non…

EITAN. Où est Wahida ?…

EDEN. Je la cherche partout. Je suis passée à son hôtel, mais rien… Et tout le quartier est bouclé.

EITAN. Où sommes-nous ?

EDEN. Jérusalem. Un hôpital. Tu as dormi quatre jours.

EITAN. … Dans un village, il y avait des gens… Je devais nettoyer des maisons, et dans une armoire, un enfant…

EDEN. Tu as déliré ma nuit. Deux jours durant je n'ai fait que ça : entrer, évacuer, incendier.

EITAN. Il y avait du monde…

EDEN. Sur le pont ? Oui… Tu te souviens ?

EITAN. Un souffle… Un son…

EDEN. Une explosion…

EITAN. Tout est noir…

EDEN. Tu viens de te réveiller. Ta vue reviendra doucement.

EITAN. Wahida… Est-ce qu'elle est là ?

EDEN. Je vais la chercher, je vais la retrouver. Lui dire que tu t'es réveillé. Je m'appelle Eden.

EITAN. Je viens avec toi.

EDEN. Tu peux à peine bouger.

EITAN. Terre promise, paraît-il. Drôle de promesse alors.

EDEN. La promesse n'est jamais celle que l'on croit.

EITAN. Je suis venu ici pour faire la lumière sur mon père, comme si je croyais qu'il y avait une vérité aux origines de quoi que ce soit. Quarante-six chromosomes. Je le vociférais et je n'y croyais pas moi-même.

EDEN. Il te faut alors aller jusqu'au bout.

EITAN. Non. Il ne faut rien dire à mon père ! Retrouver Wahida, et qu'importe mon père.

EDEN. Tu penses que Wahida va se satisfaire de ça ? Qu'elle va encore t'aimer dans une vie simple, rangée, comme si rien n'avait existé ?

EITAN. Ça va tout broyer !

EDEN. Qu'importe ! Et qu'on soit tous broyés pourvu que ce que nous aimons soit sauvé. Eitan, écoute-moi : Wahida, toi, moi et tous ceux qui sont morts cette nuit sommes comme l'impossible miroir d'un rêve depuis longtemps assassiné. Plus de réconciliation possible. Trop de terres volées, d'enfants tués, d'autobus explosés, trop de viols, trop de meurtres. Comment oublier ce qu'ils nous font et comment oublier ce qu'on leur fait ?! Alors nous les ignorons ! Et quand il faut les attaquer nous les attaquons, et quand il nous faut nous défendre nous nous défendons. Nous comptons nos morts sans compter les leurs et quand leurs morts sont plus nombreux que les nôtres nous fêtons victoire et allégresse et nous retournons au bord de notre mer et eux au bord de la leur ! Alors c'est la guerre ! Une guerre qui va durer encore mille ans ! C'est un charnier, et il nous faut sauter dedans parce que nous sommes tous les endeuillés d'un même rêve perdu, qui n'a jamais été pleuré. Celui de vivre ensemble, entre ciel et mer, de s'attabler et d'inviter les dieux pour fêter les noces d'Eitan et Wahida avant de bâtir une ville commune aux portes toujours ouvertes à nos deux horizons. Ce rêve mort et ensanglanté il faut pourtant recommencer à croire en lui, pour ne plus avoir à trembler quand on se retrouve face à face ou que la peau de l'un touche la peau de l'autre. Voilà pourquoi, même si c'est désespéré, même si c'est perdu d'avance, il faut obliger ceux qui se taisent à parler, il faut crever l'abcès de l'Histoire ! Retrouve ton père, mets en lumière son histoire, quelle que soit cette histoire, meurs s'il le faut, déchire toute la trame de ta vie, dévaste tout ce qui faisait ta raison, et Wahida pourra encore t'aimer non pas parce que tu oses désobéir à ton sang, à ton père, mais parce que tu as cru avec elle au même rêve. Rien d'autre n'a de sens, Eitan, sauf peut-être les oiseaux du hasard qui vont et viennent invisibles et nous jettent dans les bras les uns des autres sans que nous n'y comprenions rien. Mais de ces oiseaux-là il ne faut pas approcher, il faut les laisser aller dans la lumière de nos vies qui passent plus vite que des étoiles effilochées bonnes à faire naître un vœu, avant de disparaître dans la nuit noire de la mémoire. Tout le reste nous appartient, Eitan, tout le reste nous appartient, ça nous appartient.

Les avions passent dans le ciel.

III. OISEAU DE MALHEUR

— 17. promesse —

Leah devant le téléviseur.

TÉLÉVISEUR. Mesdames et messieurs, bonsoir. Horreur dans deux camps palestiniens hier au Liban.

LEAH. Etgar !! Etgar !!

Entre Etgar.

ETGAR. Quoi ?! Qu'est-ce qu'il y a ?

TÉLÉVISEUR. Les images que nous allons vous montrer aujourd'hui sont insoutenables, mais vous avez le droit de les voir car elles impliquent notre présence au Liban dans le cadre de l'opération « Paix en Galilée ». Hier, 18 septembre 1982, à l'ouest de Beyrouth, quatre jours après l'assassinat du président libanais Bachir Gemayel, des milices chrétiennes libanaises sont entrées dans les camps palestiniens de Sabra et Chatila, dont l'accès est contrôlé par Tsahal, et ont procédé au massacre de milliers de civils palestiniens. Nous avons retiré l'effroyable. Regardez. Une femme ramasse le corps de son fils. Comment ces miliciens dits chrétiens ont-ils pu pénétrer dans le camp sans être autorisés par notre armée qui en avait le contrôle ? Cette question, la Knesset la posera aujourd'hui à nos généraux.

LEAH. Je vais à l'école ! Je vais chercher David ! Je vais lui dire…

ETGAR. Quoi ?

LEAH. Tout ! Je vais tout lui dire.

ETGAR. Pas comme ça, Leah…

LEAH. Pas autrement ! On va arrêter de lui voler sa vie !

ETGAR. Réfléchis, Leah !

LEAH. On ne réfléchit pas devant ça ! Je vais tout lui raconter !

ETGAR. Et tu vas lui dire quoi ? Tu vas lui parler des massacres ? Tu vas lui dire que tu lui mens depuis toujours, mais qu'aujourd'hui à la vue du sang tu ressens l'obligation de lui révéler la vérité ? Tu crois qu'en lui montrant les images de ces corps entassés ça va l'aider à accepter qui il est ? Qu'est-ce que tu veux qu'il en fasse ?

LEAH. Alors qu'est-ce qu'on fait ?! On ne fait rien ? On part en vacances ? On achète une nouvelle télé ? Tu te souviens du pacte ? Gardons-le jusqu'à ce qu'on retrouve sa mère, son père. La vérité est qu'on n'a pas vraiment cherché, qu'on n'y a pas mis notre cœur, parce qu'on ne voulait pas les retrouver. Alors on fait quoi maintenant ?!

ETGAR. On le protège !

LEAH. Non, Etgar, non ! On ne le protège pas ! On se protège, nous, parce que toi comme moi on ne survivrait pas à sa disparition, à son départ, on ne survivrait pas si quelqu'un venait nous le réclamer et nous l'enlever. On ne survivrait pas !

ETGAR. C'est notre fils, on l'a élevé, on l'a éduqué ! Il rentre le soir, il est heureux ! Il t'aime, il m'aime et il t'aime bien plus qu'il ne m'aime ! Qu'est-ce qui compte le plus ?

LEAH. Mais comment je fais après ça si je ne peux toujours pas lui ouvrir mon cœur, tomber à genoux et lui demander pardon ? Comment je fais ? Déjà c'est insoutenable avec ce qui se passe ici et cette paix que tu m'avais promise et qui n'arrive pas, mais si ce qui vient d'arriver est vrai, si ces massacres se sont déroulés comme ils disent qu'ils se sont déroulés, si nous, Israéliens, nous y sommes pour quelque chose dans les cris de cette femme dont on vient de nous montrer le visage et qui peine à transporter le cadavre de son fils, je fais comment pour lui parler encore ? Pour l'écouter encore, quand je sais ce que je sais et que lui ne sait pas ?

ETGAR. David a quinze ans. Si tu lui dis la vérité aujourd'hui à cause de ce massacre épouvantable, tu vas le détruire.

LEAH. Alors je vais nous détruire, nous, Etgar. Je vais nous détruire. Tu vas le prendre. Et tu vas partir. Tu l'envoies loin d'ici. Loin de moi. Je ne veux plus le voir.

ETGAR. Leah…

— 18. la vitesse de la vérité —

Toujours dans l'appartement de Leah, trente-cinq ans plus tard. Entrent David, Eitan, Norah et Etgar avec leurs bagages, leurs manteaux. Leah conduit Eitan jusqu'à un fauteuil tourné vers la fenêtre.

LEAH. D'ici tu pourras voir le grand ciel, dans cette ville c'est un luxe. Laissez là vos bagages.

David et Norah vont ranger les trois valises.

LEAH. Qu'est-ce que vous voulez boire ? Je n'ai que de l'eau. Quelqu'un veut boire quelque chose ?

NORAH. De l'eau. *(Leah quitte la pièce.)* On aurait dû laisser nos bagages à l'hôtel et garder la chambre, quitte à payer une nuit de plus.

DAVID. Eitan tenait à lui rendre visite avant notre départ.

NORAH. Oui, mais toi tu n'aurais pas eu à nous accompagner et tu ne te serais pas infligé ça.

Le portable de Norah sonne. Elle répond.

NORAH. Allô ? / Qu'est-ce qu'il y a, Franz ? Je ne pourrai pas vous parler longtemps / Je l'ai lu, oui, qu'est-ce qu'il y a ? / Je comprends que plusieurs associations chrétiennes vous mettent en demeure de prouver que tout ce sperme est le vôtre / Il faut appeler votre avocat, Franz, pas votre psy… / Le problème n'est pas là / Vos œuvres se vendent sur l'idée performative de l'éjaculation et convenons que la quantité éjaculée est impressionnante, vous ne faites pas des miniatures, n'est-ce pas ? / Alors s'il s'avère qu'une partie du sperme dont vous vous êtes servi pour réaliser vos tableaux n'est pas le vôtre, vous pourriez perdre votre réputation et ça pourrait vous coûter très cher / Vous pouvez me mentir, Franz, mais à la justice vous devrez dire la vérité / Alors acceptez les prélèvements / Au contraire, ça sera la première fois dans l'histoire de l'art qu'une œuvre fera l'objet d'un test génétique pour prouver la paternité de l'artiste qui l'a créée / Au contraire, c'est post-moderne, c'est contemporain, c'est allemand / Réglez la question judiciaire, on s'occupera de vos traumatismes après / Aujourd'hui / Appelez-moi demain / J'essaierai de vous prendre entre deux rendez-vous.

Elle raccroche.

NORAH. Tout le monde a ses problèmes, n'est-ce pas !

ETGAR. Elle a tout transformé. Je ne reconnais plus rien.

DAVID. Tu es déjà venu ici ?!

ETGAR. C'est l'appartement où tu as grandi ! Tu n'as pas reconnu l'entrée de l'immeuble ? C'est ici. Là il y avait la cuisine. Ici il y avait l'escalier jusqu'à ta chambre. Ici le séjour, et la fenêtre était là, je crois. Et là il y avait ton piano bleu. Tu ne te rappelles pas ? Elle a juste tout cassé.

Leah revient avec un plateau et des verres d'eau.

LEAH. Je dois te parler. Assieds-toi.

DAVID. Je vais être en retard.

LEAH. Tu seras en retard.

DAVID. Si je rate l'entraînement je ne pourrai pas participer à la compétition le mois prochain.

LEAH. Tu n'y participeras pas de toute manière.

DAVID. Pourquoi ?

LEAH. Ton père et moi on va se quitter.

DAVID. Je ne comprends pas…

LEAH. On divorce.

DAVID. Qu'est-ce qui va se passer ?

LEAH. Je garde la maison.

DAVID. Et papa ?

LEAH. Il a trouvé une situation à Berlin.

DAVID. Berlin ? Il retourne à Berlin ?

LEAH. Oui. Il paraît que maintenant les Allemands adorent les Juifs.

DAVID. Qu'est-ce que ça change pour la compétition ?

LEAH. Tu pars avec ton père, il te garde.

DAVID. C'est une blague… ?

LEAH. Tu apprendras l'allemand, tu trouveras ta place.

DAVID. Je ne veux pas aller à Berlin, moi !

LEAH. Il n'y a rien pour toi, ici.

DAVID. Il y a toi ! Je veux rester avec toi, je ne veux pas aller avec lui !

LEAH. On fêtera ton anniversaire la semaine prochaine, et vous partirez tout de suite après.

DAVID. Mais toi ! Toi tu ne veux pas me garder avec toi ?

LEAH. Non.

DAVID. Pourquoi ?

LEAH. Je ne peux pas.

DAVID. Pourquoi ?

LEAH. Je ne t'aime pas assez comme il faudrait que je t'aime. Ne pleure pas, ça ne sert à rien. Le congélateur est brisé alors je n'ai pas de glaçons.

NORAH. Quand il fait très chaud il ne faut pas boire trop froid.

DAVID. Bon, j'y vais.

ETGAR. Tu as le temps.

DAVID. Avec l'attaque d'hier ça va prendre des heures pour accéder au mur et je veux faire mes prières. Je reviendrai vous chercher en taxi et on ira directement à l'aéroport.

ETGAR. On t'attendra en bas, tu n'auras pas besoin de remonter.

DAVID. Il y a les bagages.

LEAH. Je ne serai plus là, si c'est ça qui t'inquiète. Vous claquerez la porte en partant.

DAVID. C'est ça. Ce sera juste la deuxième fois qu'on descendra nos valises de cette maison. Bon. Je ne sais pas ce qu'il faut que je te dise. Adieu ou au revoir.

LEAH. Ne dis rien, il vaut mieux.

DAVID. Encore une fois tu auras réussi à tout rater.

ETGAR. Attends-moi là-bas, j'irai te rejoindre, on ira manger puis on reviendra chercher Norah et Eitan.

DAVID. Si tu veux.

David sort.

ETGAR. Mon petit, mon petit, assieds-toi. Tout va bien, ne t'en fais pas, tout va bien aller, ça va s'arranger, n'est-ce pas mon petit ? Ton père est parti, on respire.

NORAH. Etgar, si tu veux, va avec David. C'est insupportable pour toi ici.

ETGAR. Ne t'inquiète pas, ça va aller. De toute façon ça ne sert à rien de s'en faire parce que les choses ne vont jamais comme on aimerait. N'est-ce pas ? Tout est déréglé et personne ne peut plus rien prévoir. Avant, les fermiers engendraient les fermiers, les rois les rois et les ouvriers les ouvriers. Tu naissais dans un monde et tu ne le quittais pas, sauf pour mourir. Alors que maintenant… celui qui dit « adieu » finit par revenir et celui qui dit « au revoir » on ne le revoit plus. Il a fallu l'anéantissement de mon monde pour qu'un bateau me conduise ici. Je n'avais jamais vu un olivier de ma vie, jamais mangé une figue ! Je ne connaissais que les champs de betteraves ! Et j'arrive ici. Je me rappelle encore, je n'avais pas dix ans et j'ai vu le soleil, j'ai vu la mer et toute cette lumière et j'ai eu la conviction de la fin du voyage. Là Israël, là le monde, là le centre. J'étais le dernier d'une lignée d'oiseaux sans branche, sans port, sans rien, moi, le petit survivant, qui ai vu mon frère se faire découper à la hache pour servir de nourriture aux chiens dont j'entends encore la mastication, je posais les pieds sur la terre ferme avec l'exil et le malheur de tous mes ancêtres sur les épaules. J'arrivais pour eux ! Eh bien je peux te dire une chose : si Dieu existe, il a dû rire parce qu'une virgule plus tard je refaisais mes bagages pour retourner avec ton père vers ces terres maudites en me promettant de ne plus jamais remettre les pieds ici. Et j'y ai cru à cette promesse. Et voilà. Où suis-je à présent ? D'où je te parle ? C'est drôle, non ?

EITAN. Pourquoi je ne suis plus capable de regarder mon père dans les yeux ? *(Silence.)* C'est à vous que je m'adresse, à vous deux.

ETGAR. Qu'est-ce que tu veux dire ?

LEAH. Parle la langue de ta mère, mon chéri, je parle yiddish alors je comprends l'allemand.

EITAN. Mon père n'est pas né de toi, ni toi ne l'as porté dans ton ventre. Vous l'avez trouvé.

NORAH. De quoi tu parles ?

EITAN. Je veux savoir si j'ai bien compris ce que j'ai compris et bien entendu ce que j'ai entendu.

NORAH. Tu étais dans le coma. C'est normal. Tu souffres d'une forme de distorsion post-traumatique où tout se confond, l'attentat, le pays, la guerre, et provoque des hallucinations : tu as cru entendre, tu as cru comprendre des choses, mais c'est un cauchemar, juste un cauchemar.

LEAH. Tu as très bien entendu et très bien compris. Ton grand-père et moi on est restés une soirée à ton chevet à te le raconter, ce cauchemar.

NORAH. Quoi ?!

LEAH. Deux jours plus tard il a ouvert les yeux.

NORAH. Pourquoi vous avez fait ça ?! Vous lui avez raconté quoi ?

LEAH. Tout.

NORAH. Quoi, tout ?

EITAN. Des mots remontent que je n'aurais pas pu inventer. Si ces mots sont vrais, je ne veux pas tromper mon père moi aussi et rajouter de la trahison à la trahison et du mensonge au mensonge.

ETGAR. Ce n'était pas une trahison, Eitan.

EITAN. Alors c'était quoi ? C'est quoi le mot pour désigner ça ?

ETGAR. On l'a sauvé, je l'ai sauvé.

EITAN. Je vais aller le voir, je vais aller lui parler, je vais aller tout lui raconter…

LEAH. Ce n'est pas à toi de faire ça.

EITAN. À qui alors ? À vous ? Vous ne l'avez pas fait ! Tu ne l'as pas fait !

LEAH. Pas comme ça, Eitan.

EITAN. Pas autrement ! C'est mon père ! Est-ce que c'est ton fils ? Non ! Est-ce que c'est le tien ? Non ! Alors pas autrement !

NORAH. Eitan…

EITAN. Lâche-moi, laisse-moi !

LEAH. Attends, Eitan. Écoute-moi ! Pas ici ! Pas maintenant ! Mon chéri, mon ange, ma beauté, mon bonheur, écoute-moi et dis-toi une chose, une chose que tu ne peux pas voir, que tu ne peux pas même imaginer : cette vérité que tu veux aller raconter à ton père et que j'ai tant rêvé moi-même lui offrir, cette vérité n'est rien à côté de l'amour qu'il a pour toi ! Rien d'autre ne compte ! Écoute-moi ! S'il pouvait deviner l'amour que tu as pour lui et que tu exprimes en ce moment, s'il pouvait en être le témoin, lui si convaincu que tu le détestes, s'il pouvait voir comment tu le défends, il tomberait la tête la première contre le sol, je le connais, je le connais comme si je l'avais fait, il dirait qu'il voit Dieu ! Cet amour-là bien plus que la vérité suffit à son bonheur, car qu'est-ce qui compte plus pour David si ce n'est l'amour d'Eitan.

EITAN. Je fais comment maintenant ? Pour lui parler encore ? Pour l'écouter encore ? Je fais comment quand je sais ce que je sais et que lui ne le sait pas ?

LEAH. Cette question me dévore depuis cinquante ans, mais moi je suis sa mère, toi, tu es son fils. Tu ne lui dois rien. Tu es libre de tout. Tu as vingt ans. N'écoute personne. Tes amis t'attendent, Wahida t'attend. La conversation avec ton père arrivera.

NORAH. Sais-tu comment j'ai appris que j'étais juive ? Avec quelle vitesse je l'ai compris ? J'ai quatorze ans et je suis heureuse, car on a du chocolat pour le dessert. C'était si rare à l'Est, le chocolat ! À la télévision soviétique, les nouvelles du soir. Mon père comme d'habitude monte le son. « Le comité de solidarité de la RDA proteste contre le massacre de civils palestiniens des camps de réfugiés de Sabra et Chatila qui vient d'avoir lieu à l'ouest de Beyrouth. L'agence TASS affirme que ce massacre bestial a été perpétré par les agresseurs israéliens avec la complicité évidente de l'impérialisme occidental. » On les croit. Et devant les images qui défilent, mon père dit : « Si après ce massacre on me surprend encore à rappeler que nous sommes Juifs, je me coupe la langue. » « Pourquoi tu dis ça, papa ? » « Pourquoi je dis quoi ? » « Nous sommes Juifs ? » « Sors-toi ça de la tête, Norah, maintenant c'est fini ! » « Nous sommes Juifs ? Pourquoi tu ne me l'as jamais dit ? » « À quoi ça t'aurait servi de savoir que toute ta famille a fini en cendres ? » « Quoi ?! Quoi ?! Qu'est-ce que tu dis papa ? » « Tu es communiste, mange ton chocolat, brosse-toi les dents et va te coucher. » J'ai vu les camps, les montagnes de cheveux, les blocs de savon, alors j'ai vomi le chocolat et j'ai pensé : Norah, ta peau est juive, tes cheveux sont juifs, tu ne le savais pas et tu l'apprends au hasard d'un massacre dans une ville que tu ne connais pas d'un pays dont tu n'as jamais entendu parler. Comme l'enfant que le souffle de l'explosion n'atteint pas et qui reste hébété tenant la main arrachée de sa mère, je tenais tout à coup la main de cette Juive que j'étais et qui n'a plus de mère, j'ai senti la solitude de cette petite fille, sans plus de mère, ni plus de sœurs, ni plus de famille, hébétée par l'explosion de cette stupide phrase prononcée par mon père qui n'a rien saisi de la violence infligée à ses enfants. Ce n'est pas la vérité qui crève les yeux d'Œdipe, mais la vitesse avec laquelle il la reçoit, ce n'est pas le mur qui tue le coureur automobile, mais la vitesse avec laquelle il s'y fracasse. Si tu aimes ton père, si tu veux le guérir, ne lui fais pas subir ce que j'ai subi. Pas trop vite. Lentement, il faut guérir lentement, consoler lentement. Ne rien jeter trop vite contre le mur de la connaissance.

On sonne à la porte. Leah ouvre. Eden entre.

EDEN. Leah Kimhi ? Eden Amitaï. Je viens de la part de Wahida.

EITAN. Eden ! Qu'est-ce qui se passe ? ! Wahida va bien ?

EDEN. Elle veut te voir. Je suis venue te chercher.

EITAN. Nous partons aujourd'hui.

EDEN. Je sais, votre vol est à 17 heures.

EITAN. Je ne le prendrai pas !

EDEN. Si. Elle veut que tu rentres. Je te ramènerai et je vous accompagnerai à l'aéroport. Je vous ferai passer les contrôles. Vous ne raterez pas votre avion.

EITAN. Je ne te dis pas adieu, Leah, au contraire. Je reviendrai te voir, je te le promets.

LEAH. Ne promets rien. Mon cœur est à toi.

Eitan embrasse Leah. Eitan et Eden sortent.

NORAH. Elle va le quitter, je le sais.

LEAH. Il faut bien qu'elle se défende.

NORAH. Ça va l'anéantir…

LEAH. C'est ce que vous vouliez, non ? Vous devriez être contents !

ETGAR. C'est comme ça, ma chérie, laisse-le vivre son histoire.

LEAH. Dommage que tu n'aies pas pu vivre la tienne quand tu as échappé à la chambre à gaz, ça nous aurait débarrassés. Mais ce n'était pas ton histoire, seulement celle des six millions d'autres.

ETGAR. Ça va s'arranger, tout ira bien, tout ira bien.

LEAH. Bien sûr puisque tout le monde va repartir et rien ne va se dire et rien ne va se savoir.

ETGAR. Tu n'as jamais voulu me comprendre. Je vais retrouver David, je ne voudrais pas le faire attendre.

LEAH. C'est ça. Va philosopher avec ton fils.

ETGAR. J'étais tout de même heureux de te revoir.

LEAH. Et moi je te hais, Etgar.

Etgar sort. Leah explose en sanglots.

— 19. arabe —

Bord de mer. Lumière et ciel bleu. Wahida et Eitan.

WAHIDA. J'ai été de l'autre côté du mur, j'ai marché au hasard dans la poussière de la Palestine et j'ai eu l'impression de rentrer chez moi. J'ai dormi chez des gens que je ne connaissais pas et quand on m'a demandé le nom de mon père j'ai explosé en sanglots. Jamais encore depuis sa mort je n'avais entendu mon prénom si bien prononcé. Wahida, Wahida, pourquoi tu pleures ? Je pleure la douceur de mon père. C'était peut-être pour réentendre le chant de son prénom que Wazzân est rentré chez lui. La nuit, c'était la guerre, à l'aube ensevelir les morts, pleurer les vivants, laver les peines, les deuils, les frayeurs. Personne ne veut se consoler. La colère il faut la garder vive, l'ennemi il faut le détester.

EITAN. C'est moi l'ennemi ?

WAHIDA. Je ne veux plus me cacher.

EITAN. Reviens alors, reste avec moi, rentrons ensemble.

WAHIDA. Non. On ne peut pas faire semblant que rien ne s'est passé.

EITAN. J'ai le droit de t'aimer comme je veux.

WAHIDA. Il ne s'agit pas de ça. Regarde ! Plus rien n'est pareil ! Quelqu'un a appuyé sur le bouton reset ! C'est comme après un viol ! Tu veux que je me relève et que je continue à marcher comme si de rien n'était ? J'ai sincèrement cru moi aussi qu'on pouvait être indifférent au monde. Mais non, et la vérité est que je n'ai plus rien à voir avec cette fille que je croyais être, cette fille qui sa vie durant s'est inventée dans le regard des autres, qui a débarqué ici il y a deux semaines et que tu aimes.

EITAN. Wahida, tu es Wahida. C'est toi.

WAHIDA. Non. Cette Wahida est un délire. Il n'y a pas de Wahida ou alors je joue à Wahida, mais je ne suis pas Wahida parce que je ne sais pas qui est Wahida. L'attentat a tout fracassé et les miroirs se sont cassés et ce qui reste est aussi simple qu'insupportable : je suis Arabe. C'est bête, n'est-ce pas ? Ton père avait raison, Eitan. Jamais je n'avais osé me l'avouer. Je suis Arabe et personne ne m'a appris à l'être, au contraire, on a tout fait pour m'en dégoûter. Et j'ai tout fait pour vomir ça hors de moi. Tout. J'ai blanchi de peau, je me suis *débasanisée*, policée à fond. Ma chance aura été cette beauté qui aveugle le monde et j'ai tout misé dessus, belle bouche, taille fine, gros seins, belles fesses et plus personne pour dire tu as vu l'Arabe, mais tu as vu la chienne, je me suis réduite à n'être plus qu'un trou, et dans cette Amérique qui m'a vue grandir, cet Occident si libre, si ouvert, où tout nous est offert, cette Amérique si puissante, si vaste, si énorme, je préférais mille fois qu'on me pense bonne à baiser plutôt qu'on me crache au visage le mot *arabe*, mille fois plus être traitée de pute que d'Arabe ! C'est ça la vérité sur Wahida, Eitan. Depuis que je suis née on m'a appris à mépriser, à détester tout ce qui pouvait être arabe, sauf la bouffe, et c'est tout ça qui m'explose au visage au soleil plombant de cette guerre. Quelle conne ! Je croyais que je n'avais rien à voir avec ça, cette misère des Arabes, cette laideur, ces corps gros, ces corps voilés, je croyais vraiment que ça n'avait rien à voir avec ma culture, avec ma vie ! Quelle conne ! Ce sont tous mes parents ! Mes sœurs, mes frères ! Ramallah au complet a l'odeur de ma mère ! Comment tu veux que je survive ?! Je croyais que je n'avais rien à voir avec ça ! Qu'on avait fait ce voyage pour toi, qui cherchais à savoir qui était ton père et qui était le père de ton père ! Je croyais que je n'étais là que pour t'appuyer ! Pas un seul instant j'ai pensé que venir ici pouvait me concerner ! Peut-être parce que, dans ma tête de pauvre fille, quand il arrive quelque chose à l'homme, il ne peut pas arriver quelque chose à la femme, et ce qui arrive à l'homme est toujours plus important que ce qui arrive à la femme. Ce qui t'arrive sera toujours plus important que ce qui m'arrive, tes recherches seront toujours plus importantes que les miennes, ta vie plus douloureuse que la mienne, ton histoire plus extraordinaire que la mienne. Parce que tu es homme et juif, et que je suis femme et arabe. Et que peut, dis-moi, la pauvre histoire des Arabes contre celle des Juifs ! Je sais que ce n'est pas ce que tu penses, que jamais une idée comme celle-là ne t'a traversé l'esprit et c'est pour ça que je t'aime et que tu es l'homme de ma vie, mais pour toi, être le centre est évident, tu n'y penses même pas ! Et on arrive ici. Et je vois ça. Je suis Arabe. J'ai beau être une intellectuelle, avoir fui au bout du monde, posséder un passeport américain, avoir changé de langue, j'ai beau t'avoir rencontré toi, le Juif, l'ennemi, j'ai beau me foutre de la religion, me foutre du monde, rien n'y change ! Je suis *ça*. Depuis trois ans, je me fais chier avec une thèse qui cherche à prouver combien il est dangereux de se clôturer à l'intérieur d'un principe d'identité, de s'attacher à ses identités perdues, comme si moi j'en étais dégagée ! Ce n'est que de la théorie universitaire de merde ! Des idées de merde ! La réalité est simple ! Je suis *ça* ! J'appartiens à *ça* ! Et si je veux m'en libérer, m'en débarrasser, il faut au moins que je commence par me regarder en face. S'il y a une chose que je n'ai pas comprise, ou pas voulu comprendre de Wazzân, c'est sa curiosité, sa manière chaque fois différente d'être arabe, sa manière de toujours échapper au malheur. De cette manière, j'ai encore beaucoup à apprendre ! Il ne s'est pas dissimulé, au contraire, il a toujours choisi de se dévoiler devant la passion qu'il avait du monde. Je ne veux plus fuir, même si ça me fout la trouille, même si tout me dit de rentrer, d'oublier tout ça, mais je ne veux pas, je ne veux pas retourner avec toi, retrouver New York, ça n'aurait pas de sens, je dois juste me confronter à *ça*. Pas en touriste ou en théoricienne, mais directement, maintenant, en sacrifiant tout, là, dans le pire, de l'autre côté de ce mur et pendant cette guerre. Pardon, Eitan. Pardon. Mon amour, pardon, mais j'avais besoin que tu te réveilles pour que je puisse te quitter. Je te quitte. Je te dis ces mots et je ressens ce que ressent celui qui se fait exploser au milieu de la foule, je casse tout, je nous casse, je sépare la terre et je m'éloigne. C'est égoïste. Pendant cette guerre, ma place est là-bas. De l'autre côté de ce mur. Avec ceux qui vont perdre. Je veux me tenir avec mes sœurs. Celles du moins qui m'ont appelée comme ça. *Ya ikhti*. Je veux me tenir avec mes mères. Celles du moins qui m'ont appelée comme ça. *Ya binti*. Tu vois ? Je ne fais que dire ces deux mots en arabe et je tremble, signe de tout ce que j'ai perdu.

Long temps.

EITAN. Lève la tête. Que vois-tu ?

WAHIDA. Des oiseaux.

EITAN. Des oiseaux. Alors je ne vais pas te retenir. Les oiseaux vont et viennent de chaque côté de ce mur, quand ils sont là-bas, ils sont là-bas, quand ils sont ici, ils sont ici. Qui saurait dire le contraire ? Il existe pourtant des oiseaux quantiques, à la fois là-bas et ici, apparus comme nous à l'instant du Big Bang, et qui volent toujours au midi des deux mers. Je te le jure ! Je serais fou de me plaindre. Deux ans de bonheur. Pour quelqu'un comme moi, quelle chance ! Depuis cette descente d'escalier, chaque seconde passée était une seconde de gagnée puisque je la passais avec toi, et même celle qui passe là, si amère, et là, et là. De toi j'ai tout pris comme un cadeau, chaque caresse, chaque baiser et tous les jours, je te jure, je me suis tenu prêt pour ce moment où tu allais me quitter. Je l'ai attendu comme on attend la mort : un jour ça va arriver. Mais on a beau se tenir prêt on ne tient rien, et la mer Morte je vais l'avaler entière tout à l'heure quand tu vas te lever et que tu vas t'éloigner.

WAHIDA. Ce n'est pas parce qu'on se sépare qu'on se sépare. Il faut croire aux retrouvailles, faire comme les héros, Anne Hathaway et Matthew McConaughey quand tombe leur vaisseau vers son trou noir. Ils s'aiment, mais se séparent sans que rien ne les sépare et sans savoir s'ils se reverront.

Tombe notre vaisseau dans ce trou noir et nous voilà entraînés chacun vers une équation qu'on se doit de résoudre seul.

Eden entre.

EDEN. Je te ramène chez toi.

EITAN. Qu'est-ce qui se passe ?

EDEN. Trois bombes viennent d'exploser à l'aéroport de Tel-Aviv.

Le portable d'Eitan sonne.

EITAN. Papa / Je suis au courant, tu es où ? / Je te rejoins.

Il raccroche.

WAHIDA. Qu'est-ce qui va arriver maintenant ?

EDEN. Plus personne n'aura plus pitié de personne, Wahida. Si tu veux retraverser le mur et retourner là-bas, il te faut partir maintenant.

EITAN. Va avec elle. Le vaisseau tombe et tout nous sépare. Anne Hathaway et Matthew McConaughey se retrouvent à la fin du film même si on maudit le générique qui ne nous laisse pas la chance de les voir s'embrasser dans le vertige de leurs retrouvailles.

Wahida embrasse Eitan. Wahida et Eden partent.
Eitan s'éloigne.
Sirènes.

— 20. punition —

Café. David et Etgar. Téléviseurs. Attroupement. David parle au téléphone.

DAVID. Norah, l'aéroport est fermé et il n'y a plus de vols. Ils n'ont plus de chambres disponibles / Complet aussi / Tu as fait chaque hôtel ? / Je m'en fous, un trou à rat plutôt que de dormir chez elle / On est encore au café, on attend Eitan et on vient te chercher. *(Il raccroche.)* Elle ne trouve rien.

ETGAR. Ça va s'arranger.

TÉLÉVISEUR. La première déflagration a eu lieu à 12 h 40 dans le terminal des arrivées, une demi-heure après l'atterrissage de l'avion en provenance de Washington, et les deux autres se sont produites à 12 h 42 dans le terminal des départs. Les trois explosions ont probablement été provoquées par des kamikazes. On fait état de trente-six morts, mais ce nombre reste très provisoire. Le trafic aérien est totalement interrompu et le site de l'aéroport fermé à toute circulation. Dans l'attente d'une déclaration du premier ministre, son porte-parole invite la classe politique et l'ensemble des médias à la plus grande prudence. L'attentat n'a pas été revendiqué, a-t-il rappelé, et pour l'heure il est impossible d'identifier les responsables.

DAVID. C'est une punition, notre punition. Notre terreur.

ETGAR. Tu ne pouvais pas savoir, personne ne pouvait savoir.

DAVID. Je ne parle pas de l'attentat, mais d'eux. Palestiniens, Arabes. C'est eux que j'appelle punition. Depuis soixante-dix ans, Dieu a mis ce peuple dans nos vies pour nous punir.

ETGAR. De quoi veux-tu qu'Il nous punisse encore ?

DAVID. Il faut des prophètes pour le dire, mais les prophètes crient toujours dans les déserts et nous ne savons rien des desseins de Dieu. Mais ce n'est pas parce que nous sommes ignorants que nous sommes innocents. Nous ne sommes pas innocents. Les générations futures comprendront nos fautes comme nous comprenons celles de nos ancêtres.

ETGAR. Et tu crois que Dieu aurait créé tout un peuple uniquement pour en faire notre punition ?

DAVID. Nous allons les déraciner. Je ne voudrais pas être Palestinien aujourd'hui. C'est un peuple qui n'a plus de peuple que sa part animale. Des bêtes, des meutes, des assassins. S'il y a une vérité, c'est bien celle-là et ce carnage le prouve. Ils vivent en meute, se reproduisent en meute, prient en meute et l'islam est leur os. Ils le rongent comme des chiens. Ils envoient leurs enfants à la mort, ils condamnent leurs poètes, ils briment leurs femmes et on ose nous comparer, on ose dire

Juifs et Arabes races sémitiques. On a aussi peu à voir avec eux que les oiseaux avec les poissons. Ils ne sont que des rejetons de tribus arriérées débarquées ici par le feu, le viol, le sang, et ils osent aujourd'hui se réclamer de cette terre quand ils n'en sont que les voleurs, ils osent se faire les victimes quand ils ne sont que les criminels, ils exhibent les cadavres de leurs enfants, les larmes de leurs femmes et nous accusent, nous, de les exterminer. Le malheur est sur vous, Palestiniens de misère. Ils danseront dans les rues de Ramallah ce soir et fêteront leurs macabres victoires, mais ce qui va leur tomber sur la tête n'a pas encore de nom. Cet attentat a ceci de bon qu'il met fin à la mascarade de deux pays côte à côte. Espérons que le nombre de morts soit le plus élevé possible pour qu'il nous emplisse de colère. Les prochains jours seront sanglants et injustes, mais le sang et l'injustice sont aujourd'hui le seul moyen de vaincre cette lèpre. Cette terre est à nous, on va le leur rappeler. Les Arabes, il faut leur rappeler leurs origines, il faut les déplacer jusqu'aux Arabes, ils venaient du désert il faut les rendre au désert.

Eitan arrive.

EITAN. Pardon ! J'ai dû faire mille détours.

DAVID. Le plus urgent à présent c'est de se trouver un hôtel.

EITAN. Ils évacuent les Lieux saints, on peut à peine circuler.

ETGAR. Tu as pu voir ton amie ?

EITAN. Oui.

ETGAR. Tu pourras la rejoindre puisqu'on est bloqués ici.

EITAN. Non.

ETGAR. Pourquoi ? Elle a réussi à partir ?

EITAN. Il y a beaucoup de morts. Au moins une centaine.

Le portable de David sonne. Celui-ci répond et s'éloigne.

DAVID. Norah ? Tu as trouvé quelque chose ?

ETGAR. Ça va s'arranger, mon petit.

EITAN. Arrête de dire ça chaque fois qu'il arrive quelque chose d'important ! J'ai le cœur en cendres, alors arrête !

ETGAR. Ce n'est pas ce que j'ai voulu dire, ne te fâche pas.

EITAN. On ne peut pas toujours comparer tout ce qui arrive à un camp de concentration, merde ! Je vais régler vos jus de pomme.

Eitan s'éloigne. David revient.

DAVID. Norah a trouvé deux chambres dans un petit hôtel entre Jérusalem et Tel-Aviv, ce sera parfait ! Où est Eitan ?

ETGAR. Parti régler les consommations.

DAVID. Je crois que c'est terminé avec la fille. Il s'en remettra.

ETGAR. On ne sait pas ce qui va arriver. Pendant la guerre contre les Arabes, en 67, on nous avait envoyés vider un village palestinien. Il faisait beau, comme aujourd'hui. On arrive et on commence. Maison par maison. Au bout de quelques heures, je me retrouve devant une maison avec un immense figuier, je m'en souviens encore parce qu'on s'était arrêtés et on avait mangé ses fruits. J'entre, longe un petit corridor et j'arrive dans la pièce du fond. Il y avait une armoire. J'entends un bruit, comme un souffle, une respiration, c'était à peine perceptible. Je m'approche, j'ouvre les battants de l'armoire et je tombe sur un tas de boîtes à chaussures vides. Sur la première étagère, la plus basse, il y avait une boîte que l'on utilise pour les bottes, elle n'avait pas de couvercle, je la tire vers moi et je regarde dedans. Un bébé. Tu m'écoutes ? Un bébé enveloppé dans un keffieh. Tu te souviens du keffieh que tu avais un jour trouvé dans mes affaires, tu m'avais demandé, choqué, ce que je faisais avec ça, eh bien ça, c'était le keffieh qui enveloppait ce petit bébé. Un petit fellah palestinien. Je ne sais pas combien de temps je suis resté à genoux à le regarder dormir, ce bébé tout seul au milieu de son village en feu. J'ai pris la boîte et je suis ressorti. Dehors, j'ai demandé à mon chef ce que je devais faire, il m'a dit d'apporter l'enfant à l'hôpital avec les blessés. En chemin, le bébé a ouvert les yeux, on s'est regardés, il n'a pas pleuré, il n'a pas eu peur, il me fixait et je le fixais. J'étais assis à l'arrière du camion militaire, la boîte posée sur mes genoux et mon visage penché vers son visage. On va retrouver ta mère. Je le lui ai dit en allemand. Je me suis mis à pleurer. Qu'est-ce que je pleurais ? Je ne pourrais pas te le dire, mais il aura suffi de ce petit trajet pour que ma vie soit transformée. À l'hôpital, c'était une cohue impossible, horrible. Les civières, partout des morts, des blessés. La femme au comptoir est épuisée, vidée, elle me voit, voit le bébé et me demande si je suis venu l'inscrire, si je suis là pour une reconnaissance parentale. J'ai dit oui. Peut-être pour pas l'embêter. Elle m'a demandé ma carte d'identité, je la lui ai donnée. Quel nom vous voulez lui donner ? David, j'ai dit. Elle l'a inscrit et m'a donné les papiers.

DAVID. Tu as donné le nom de David à un enfant palestinien ?!

ETGAR. Je lui ai donné le nom d'un roi.

DAVID. Qu'est-ce qu'il est devenu ? Vous avez retrouvé sa famille ?

ETGAR. Tu es cet enfant. C'est toi.

DAVID. Non, je te parle de lui. Moi, je suis né après, j'imagine, puisque vous m'avez donné son nom, mais lui, vous en avez fait quoi ?

ETGAR. Tu es né ni après ni avant. C'est toi. Tu es ce bébé que j'ai trouvé dans une boîte à chaussures, tu entends ?

DAVID. Quoi ?

ETGAR. C'est ça. Tu es Palestinien, tu es ce que tu détestes, tu es Arabe, tu n'as rien de Juif. C'est comme ça. La vie parfois est plus simple qu'on ne le croit.

Eitan revient.

EITAN. On y va ?

ETGAR. Oui, dépêchons-nous ou ta mère va s'inquiéter.

TÉLÉVISEUR. L'attentat terroriste qui a frappé le pays vient tout juste d'être revendiqué par le groupe palestinien Abou Hawssan. Le premier ministre a affirmé que l'armée était prête à agir et que l'aviation venait de raser près de la ville de Masyaf trois sites militaires syriens identifiés comme responsables de la fabrication d'armes destinées aux mouvements terroristes libanais et palestiniens. Il a ajouté que des opérations allaient se succéder pour éradiquer les assassins qui ont attaqués notre nation et que nul pays ne saurait infléchir la volonté d'Israël dans son droit de se défendre et de punir ses ennemis.

Sirènes.

— 21. l'afikomen —

Chez Leah. Soir. Table. Repas. Seul Etgar mange.

LEAH. Ça va être froid.

NORAH. Pardon. Je ne peux même pas avaler ma salive.

ETGAR. J'avais oublié à quel point tu cuisinais bien.

NORAH. Je ne comprends pas, Etgar, je ne comprends pas…

ETGAR. Les mots étaient là, je les ai prononcés.

NORAH. Ce n'était pas à toi ! Tout n'est pas à toi !

ETGAR. Eitan était dévasté par le chagrin et son père, au lieu de le prendre dans ses bras, s'emballait pour une chambre d'hôtel.

EITAN. Qui te dit que j'avais besoin que l'on me prenne dans ses bras ?

ETGAR. On voulait lui dire, on n'a pas cessé d'en parler, c'est fait, moi ou un autre, qu'est-ce que ça change.

NORAH. Tu ne vois pas que tu l'humilies encore plus !

ETGAR. Tu es trop sensible, ma chérie.

NORAH. Je ne suis pas ta chérie !

LEAH. Ça va être froid, laisse-le.

NORAH. Ça me rend dingue qu'il ne comprenne pas !

ETGAR. Parce que toi tu comprends ? Tu vis depuis vingt-cinq ans avec un homme que tu n'aimes pas et tu me fais la morale ? Depuis vingt-cinq ans, tu t'entêtes à fabriquer une famille absurde pour prouver à ton père qu'il s'est trompé et tu crois cerner les tréfonds de mon âme ? Tu joues à la femme heureuse, à la femme épanouie. Tu es dépressive, tu es anorexique. Tu es incapable de défendre ton fils. Ta vie est un désastre.

EITAN. Tu es devenu fou.

ETGAR. Non, mon petit, je ne suis pas devenu fou, je l'ai toujours été ! Il faut être fou pour faire ce que j'ai fait ! Voler un enfant palestinien est une folie pour tout Israélien ! Il faut être fêlé pour voler en 1967 un enfant arabe quand l'Arabe est l'ennemi ! Pourquoi en pleine guerre un soldat ferait une pareille chose ? Il faut comprendre : je ne t'ai pas trouvé dans la ouate et le coton, je t'ai trouvé dans l'odeur de la mort et ma vie aussitôt est devenue un mensonge immense ! Mentir, mentir et encore mentir ! Sinon comment on a fait pour faire avaler à tout le monde que cet enfant était le nôtre ? Nous avons menti à nos parents, nous avons menti à nos amis, nous avons menti à notre pays, nous avons tout sacrifié, tout, pour un enfant palestinien, et ce mensonge on l'a tenu quarante-neuf années durant ! « Pourquoi ? » Cette question m'a brûlé des années durant, m'a empêché de dormir, jusqu'à ce jour béni entre tous, jour de ta naissance, Eitan. Je t'ai pris dans mes mains, petite chose à peine sortie du ventre de ta mère, et tout est devenu clair : j'ai volé David pour donner naissance à Eitan !

EITAN. Tu insultes ma mère, tu humilies mon père et tu oses après ça me dire que tu m'as offert la vie !

ETGAR. C'est pourtant la vérité.

EITAN. Je ne la veux pas cette vérité !

ETGAR. La vérité ne se découvre pas au nombre de bâtonnets ni au nombre de chromosomes, mon petit. Sans cette folie dont tu m'accuses, tu ne serais pas là pour m'accuser.

EITAN. Si ma vie ne dépend que de toi, je préfère la perdre que de te devoir les moindres secondes de mon bonheur.

Eitan se saisit d'un couteau et le retourne contre lui.

DAVID. Eitan !! Arrête ! Eitan, arrête !! Tout ça n'est rien, que de l'amour déguisé en malheur, il faut lui ôter ses oripeaux et tout redeviendra comme avant, tout redeviendra vivant !

EITAN. Je n'ai pas voulu ça papa, je te jure, je n'ai jamais voulu ça !

DAVID. Je sais ! Je sais, mais ne vous déchirez pas à cause de moi. Ma vérité n'est rien, Eitan. Elle ne change rien à l'amour que j'ai pour chacun de vous. Au contraire, elle redonne courage pour ce qui a manqué. Je vous aime.

NORAH. David…

DAVID. Ne craignez pas pour moi. Je ne suis pas seul dans l'épreuve. Avec moi j'ai la traversée de la mer Rouge, la traversée des déserts et l'exil de mon peuple, j'ai la destruction de mon temple, l'extinction de mes amis et j'ai l'alliance sacrée avec mon Dieu. Immensité spirituelle d'Israël ! Ô mon Éternel de Toi j'ai le meilleur, de Toi j'ai le plus fort. Si je me dis : « Les ténèbres me noient » alors Tu changes ma nuit en lumière. Lumière ou ténèbres pour Toi c'est pareil. Ô mon Éternel Tu m'as fait tel que je suis, Tu m'as tissé dans le ventre de ma mère et je Te loue d'avoir fait de moi une créature aussi merveilleuse. Tout ça m'est donc enlevé ? Plus rien n'est donné ? Non, non, Eitan, mon fils, mon amour, tu vas voir, tout va continuer comme avant et rien ne va changer. Norah on se retrouvera comme au premier jour et aux secrets de nos premiers baisers ! Mangez, je vous en prie, mangez et soyez bénis et c'est comme si enfin je la trouvais.

NORAH. Quoi, que tu trouvais enfin quoi, David ?

DAVID. Mais oui, elle est là, elle a toujours été là, et moi qui regardais ailleurs.

NORAH. Qui ?

DAVID. Elle, que j'ai toujours cherchée, que je ne trouvais pas et qui me brisait le cœur, à cause de quoi j'ai si souvent éclaté en sanglots, inconsolable, inconsolable, je la vois enfin, oui, elle est là, pardon, pardon, David, David, elle est où la petite cachette où est dissimulé l'afikomen ? elle est où la cachette, David ? elle est là, maman, je l'ai trouvée, je l'ai trouvée, j'ai trouvé l'afikomen, maman, maman, maman, maman, maman, maman.

Il tombe.

LEAH. David ! David !!!

Leah et Norah accourent vers David inconscient.

IV. OISEAU AMPHIBIE

— 22. l'esprit —

À l'hôpital. Un médecin. Norah, Eitan, Leah.

MÉDECIN. L'attaque a touché plusieurs zones de son cerveau. Trois vaisseaux sanguins ont éclaté simultanément, et ont provoqué des hémorragies intracérébrales et des lésions qui ont détruit la plupart des cellules du lobe temporal.

NORAH. Est-ce qu'il peut reprendre conscience ?

MÉDECIN. Non, malheureusement. Son cerveau est mort. Votre mari ne reviendra pas. Nous ne faisons que le maintenir artificiellement en vie.

EITAN. Pourquoi ? Pourquoi s'il ne va plus se réveiller ?

Long temps.

MÉDECIN. Don d'organes. *(Silence.)* Or, pour être utilisables, les organes doivent être prélevés alors que le cœur bat encore.

NORAH. Ce n'est pas possible, ce n'est pas possible…

MÉDECIN. Si nous prélevons les organes de David au cours des prochains jours, nous pourrions sauver quatre vies.

NORAH. Selon la Torah, prélever des organes d'un homme dont le cœur est toujours battant revient à commettre un meurtre. Pour mon mari il est impensable d'outrepasser les limites de la Loi.

MÉDECIN. Sauver des vies parfois l'emporte sur le respect de la Loi.

LEAH. La vérité est qu'il n'est pas juif.

NORAH. Son cœur l'est. Son esprit, sa pensée. Ses papiers d'identité le sont. Toute sa vie l'a été. Je n'arrive pas à y croire ! Il n'y a plus rien à faire alors ?

MÉDECIN. Lui parler. Ceux qui meurent, il faut les accompagner jusqu'au bout.

EITAN. Il entend ?

MÉDECIN. Neurologiquement, non. Mais qui sait ce qui se passe dans son esprit ?

EITAN. Son esprit ? Je ne crois pas au moindre esprit.

MÉDECIN. C'est ce en quoi il croit, lui, qui compte. Quelle est sa langue maternelle ?

NORAH. L'hébreu.

LEAH. L'arabe. La langue de sa mère est l'arabe.

NORAH. On ne sait pas parler arabe…

MÉDECIN. Trouvez quelqu'un. Ce n'est pas ce qui manque dans le coin.

Le médecin sort.

EITAN. On l'a volé enfant, on l'a volé vivant, on va continuer à le voler mort. Rien n'est donc à lui.

Eitan sort.

— 23. la valise qui n'arrive jamais —

Hôpital. Soir. Wahida, Norah, Leah.

LEAH. Tu es venue. Merci. Je ne pensais pas que ce serait si bon de te revoir, ma Wahida tombée du ciel. Eitan ne sait pas que tu es là et nous a interdit de t'appeler. Il se sent coupable de tout. Un vrai Juif.

WAHIDA. Où est-il ?

LEAH. À Beer Hobba, le village où Etgar a volé David. La petite pierre qu'il voudra déposer sur la tombe de son père, il désire qu'elle vienne de là.

WAHIDA. Pourquoi elle pleure, la vieille sorcière ?

LEAH. Le cœur est fêlé, mon ange. Tout tourne, recommence et revient comme les valises sur les carrousels des aéroports. Et la mienne n'est jamais arrivée. Et je reste à attendre. Comme une conne.

Deux fois déjà que je le perds et je n'arrive pas à croire qu'il ne reviendra pas.

WAHIDA. Pourquoi tu m'as appelée ? Dis-moi ce que tu veux que je fasse et je le ferai.

LEAH. Apparemment, parler arabe à David pourrait l'aider à partir en paix. Eitan n'y croit pas une seconde, moi non plus, mais au fond qu'est-ce que j'en sais ?

WAHIDA. David me déteste…

LEAH. Non ! Ce David-là n'est plus. Oublie ce qu'il t'a fait. Oublie jusqu'à son nom. David est celui que nous lui avons donné, mais sa mère et son père ont bien dû lui en donner un avant. Fais-le pour moi. Qui d'autre que toi pour apaiser le cœur du Palestinien allongé dans la chambre d'à côté ?

NORAH. Vous l'avez tué ! Vous l'avez tué depuis le début ! Nous l'avons tous tué !

— 24. fausse couche —

Chambre de David. Etgar entre. Norah sort sans le regarder.

ETGAR. Je ne crois pas que ça serve à quelque chose, mais je ne peux pas m'empêcher de te parler. Eitan ne me parle plus, Norah ne me parle plus. Chacun de nous est enfermé dans un coma auquel les autres ne comprennent rien. Je t'aime. Pardonne-moi.

LEAH. Va-t'en, Etgar. Va-t'en pour de bon.

ETGAR. Je t'ai porté cinquante années durant dans mon ventre, mais malgré l'amour quelque chose n'est pas né. Fausse couche d'un immense espoir. Il faut accepter.

Il sort.

— 25. oiseau amphibie —

Toujours dans la chambre de David. Wahida s'assoit au chevet de David.

WAHIDA. Aleph, bé, tâ, szâ, jîm, ha, khâ, dâl, dââl, rrâ, zâ, sîn, shîn, sâd, dââd, tââ, zââ, ainn, rainn, fâ, kââf, kâf, lâm, mime, noûn, hah, wâw, ya. Alphabet qui nous a vus naître, toi et moi, alphabet de nos ancêtres dont nous sommes les extrémités. David, entends ma voix. Je suis Wahida, fille de Nawal, petite-fille de Nazira, arrière-petite-fille de Souloum, vendeuse de brindilles dans les montagnes du Haut Atlas. Comme toi, je n'ai pas connu le ciel qui m'a vue naître. Alors pour te parler dans notre langue, je te parlerai de moi et pour te parler de moi, je te parlerai d'un homme cher à mon cœur.

Wazzân dans le coma de David.

DAVID. Qui es-tu ?

WAZZÂN. Hassan, fils de Mohammed le peseur.

DAVID. Que fais-tu ici ?

WAZZÂN. On m'envoie vers toi.

DAVID. Qui ?

WAZZÂN. Ceux qui t'aiment.

DAVID. Par où es-tu entré ?

WAZZÂN. Par la parole de celle qui te parle.

DAVID. Que veut-elle ?

WAZZÂN. T'aider à partir en paix.

DAVID. Pourquoi cette langue ?

WAZZÂN. C'est celle de ta mère.

DAVID. Pourquoi toi ? Qu'ai-je à faire avec toi ? Comment toi tu pourrais m'aider à partir en paix, moi ?

WAZZÂN. Ce que tu as vécu, je l'ai vécu.

WAHIDA. Comme toi Hassan Al-Wazzân a été enlevé à sa vie, comme toi il a pris les habits de l'étranger, comme toi il a changé de religion.

WAZZÂN. Et comme toi je porte les fragments de mon frère jumeau, celui que j'aurais été si tout cela n'avait pas eu lieu.

WAHIDA. Et comme toi il est devenu ami de ses ennemis.

DAVID. Toi, tu savais que tu avais été enlevé, tu en avais conscience, comme tu as eu conscience de ta conversion ! Tu connaissais le nom que ton père t'avait donné. Tu connaissais le nom de ton père ! Fils de Mohammed le peseur. Moi, j'ai été fracassé. Qu'est-ce qui est à moi ? Et quoi être une fois passé le pas de cette porte ? *Je suis juif* est faux. *Je suis arabe* est faux. *Je ne suis pas juif* est faux, *je ne suis pas arabe* est faux. Comment partir en paix quand on se découvre être son propre ennemi ?

WAZZÂN. « Me voici » suffirait.

DAVID. Non. Ce que j'ai plié ma vie durant est trop plié pour être oublié.

WAHIDA. David. Je vais te raconter l'histoire que mon père me racontait enfant. « Un oiseau vient au monde. »

WAZZÂN. Un oiseau vient au monde et voilà qu'à la faveur de son premier envol il passe au-dessus des eaux de la mer. La lumière laisse entrevoir sous la surface les poissons aux écailles argentées. Ému par cette beauté inconnue, l'oiseau veut aller à leur rencontre et il tombe vers la mer. Mais les autres oiseaux, ses congénères, le rattrapent avant qu'il n'atteigne les vagues. « Non ! lui dit le plus sage, ne t'avise jamais d'aller vers ces créatures. Elles te sont étrangères en tous points et, les rejoignant, tu mourrais comme elles mourraient si elles nous rejoignaient. Nous ne sommes faits ni pour nous rencontrer ni pour vivre ensemble. » L'oiseau obéit et va sa vie, mais toujours son cœur se tord à la vue de la mer. Taciturne, il ne chante plus. Jusqu'au jour où, pétri par un chagrin devenu trop lourd à porter, il songe qu'à une longue vie malheureuse il préfère un seul instant d'extase, et il referme sur lui ses ailes ! Et dans la bleuité du ciel, il tombe vers la bleuité de la mer pour en fendre la surface. Le voilà sous l'eau, s'enfonçant vers l'abysse des lumières et dans le peu de temps qu'il lui reste, l'oiseau ouvre ses yeux ! Infinité de poissons multicolores ! Satin insoupçonné des abîmes ! Indicible beauté étrangère ! Son cœur s'enflamme ! Sa dernière heure approche, mais il ne s'en soucie plus, tout à son désir de l'autre, de ce qui est différent, et ce désir est si absolu, si immense, si spirituel, qu'à l'instant précis où la mort veut le saisir des ouïes lui poussent au cou ! Et il respire ! Il respire ! L'oiseau respire ! Et, respirant, volant-nageant, il s'avance au milieu des poissons aux écailles d'or, de jade et de rose aussi subjugués par lui que lui par eux, et, les saluant, l'oiseau prononce la parole magique : « Me voici ! C'est moi ! Je suis l'oiseau amphibie arrivant au milieu de vous, je suis l'un des vôtres, je suis l'un des vôtres ! »

DAVID. J'entends dans ta voix la langue de cette mère que je n'ai pas connue. Ta voix comme filet jeté à la mer pour me redonner des fragments anciens. Il faut consoler ceux qui vont mourir. Je te remercie. Mais si belle que soit ton histoire, c'est une histoire pour soulager les vivants. Pour celui qui meurt, rien n'est réparé. Moi, j'aurais aimé connaître les enfants de mon fils. Tant aimé encore marcher sous la pluie, compter les étoiles, profiter davantage des silences et parler plus doucement aux choses. Moi, j'aurais voulu vieillir avec ma femme. Je ne savais pas combien étaient puissants les regrets de ce qui n'a pas été réconcilié. Il me semble qu'à présent je sais ce qu'il aurait fallu dire et faire.

WAZZÂN. Tout ne peut pas être réussi.

DAVID. Sur ce point tu as raison. Et toute vie est peut-être fondée sur une erreur. Même si je ne pars pas en paix, qu'au moins ces derniers pas soient à moi.

Il meurt.

— 26. une pierre —

Enterrement de David. Eitan s'avance, une pierre à la main.

EITAN. Papa, pas de pluie pour apaiser ton âme aujourd'hui ni de pétales tombés du ciel, seulement le vent et une pierre à poser sur ta tombe.
Papa, je porte vers ma bouche la terre promise, j'en avale la beauté et j'invente une langue nouvelle.

Kaddish à ma façon pour dire *David*, ton nom connu, mais sans pouvoir dire ton nom inconnu, qui me restera à jamais comme la plus douloureuse des énigmes.
Papa, je le prends ce nom invisible, celui de cet enfant que tu auras été, je le garde au creux de ma main et je referme mon poing, papa, je te jure que je referme mon poing, pour, à jamais, protéger sa disparition de la disparition.
Papa, je me penche vers ta tombe comme on se penche vers la mer immense, je ramasse les parcelles d'or de ta vie. Tout ce que tu auras su me donner. Je ramasse les fragments de douleurs, tout ce que tu auras su me raconter, et je dépose sur ta pierre cette pierre. Que la mer se sépare, que le vent se lève et que les oiseaux t'emportent. Adieu, mon père, adieu.
Je vivrai ma vie et elle sera ce qu'elle sera, entière, brûlante, mais au seuil de ta mort, je te fais cette promesse : tant que dans le carnage se tresseront tes deux prénoms, tant que dans le sang s'opposeront leurs langues, moi, Eitan, fils de Norah et de David, petit-fils de Leah et d'Etgar, héritier de deux peuples qui se déchirent,
Je ne me consolerai pas,
Je ne me consolerai pas,
Je ne me consolerai pas,
Je ne me consolerai pas,
Je ne me consolerai pas.

Eitan dépose la pierre sur la tombe de David.

Écrit avec les bons conseils, toujours vigilants et généreux, de l'immense historienne Natalie Zemon Davis – dont la rencontre et l'amitié ont ouvert en moi des champs nouveaux pour de formidables rêveries –, *Tous des oiseaux* est le premier spectacle que j'ai créé à titre de directeur de La Colline – théâtre national. La première création d'un directeur est toujours un moment important pour un théâtre. Elle scelle le lien entre la nouvelle direction et l'équipe permanente, et incarne de manière déterminante la vision qui sera défendue au cours des prochaines années. En ce sens, aborder le conflit israélo-palestinien à travers cette *première fois* prenait, à mes yeux, une tournure d'autant plus symbolique qu'elle plaçait la question de l'ennemi, de l'Autre, comme axe obsessionnel. Pour donner réalité à ce symbole et parce qu'un théâtre c'est avant tout une équipe, j'ai tenu, ici, à nommer toutes les personnes qui ont œuvré à ce premier spectacle qui fut présenté pour la première fois dans la salle Maria-Casarès du théâtre de La Colline, le 17 novembre 2017. Nommer l'équipe de création mais aussi les quatre-vingt-quatre personnes qui composent la tribu permanente de La Colline, chacun qui, de près ou de loin au sein des différents départements, a rendu cette création possible en s'en inquiétant, en la prenant à cœur, s'y attachant et la défendant avec joie et vigueur.

W. M.

Mohamed Abdoune, Laurent Alaphilippe, Jalal Altawil, Lise Amiot, Arnaud Antolinos, Jean-François Assie, Dominique Audibert, José Babo, Inès Badra, Hélène Baldini, Cem Baran, Laurie Barrère, Kaddour Belhamici, Amine Bellahcen, Moussa Bellahcen, Émile Bernard, Isidore Bertin, Marie Bey, Eli Bijaoui, Anne Boisson, Majid Boukhadda, Franck Bozzolo, Bertrand Brie, Menty Camara, Sylvère Caton, Jules Chagachbanian, Éric Champoux, Mathias Chomel, Sarah Clément-Colas, Emmanuel Clolus, Sonia Constantin, Pierre Coslado, Pascal Delarue, Maude Deleglise, David Digonal, Anne Dorémus, Dorothée Duplan, David Durand-Camacho, Charlotte Farcet, Fouzia Fendi, Isabelle Flosi, Quentin Franchi, Mickaël Franki, Linda Gaboriau, Jérémie Galiana, Laurine Gandubert, Marie-Laure Garcia, Sophie Garnier, Jean-Michel Gay, Frédéric Gourdin, Chloé Gourgues, Nadia Guessoum, Stéphane Hochart, Isabelle Imbert, François Ismert, Raphaël-Lamaque Jean, Anna Jacob, Mélanie Joudiou, Thomas Jourden, Eleni Karaindrou, Cécile Kretschmar, Didier Kuhn, Samuel Le Borgne, Laurence Le Coz, Thierry Le Duff, Yann Leguern, Dimitri Lenin, Pascal Levesque, Anna-Lou Lindgren, Christelle Longequeue, Grégoire de Lorgeril, Yannick Loyzance, Olivier Mage, Jean-Frédéric Marcel, Bernard Martin, Guy Martinvalet, Laurent Matignon, Michel Maurer, Stefan Mckenzie Main, Christian Ménauge, Uli Menke, Patricia Michel, Igor Minosa, Saeed Mirzaei, David Nahmany, Yuka Nakanishi, Valérie Nègre, Julien Nesme, Tuong-Vi Nguyen, Victor de Oliveira, Franklin Onyeagba, Marie-Julie Pagès, Fleur Palazzeschi, Roxane Pastor-Lloret, Claudia Petagna, Thi Xuan

Pham, Armande Pierre, Thierry Pilliot, Philippe Plancoulaine, Jean-Michel Platon, Jean-François Prost, Ludovic Rivalan, Leora Rivlin, Lise Roger-Jaffe, Judith Rosmair, Paul Saintier, Darya Sheizaf, Gabriel Sierra, Lucie Ruffet-Troussard, Rafael Tabor, Adeline Tahan, Fanély Thirion, Emmanuelle Thomas, Florence Thomas, Gilles Thomain, Harry Toi, Franck Tortay, Aurélie Toublanc, Stéphane Touche, Monia Triki, Marion Turrel, Raphael Weinstock, Souheila Yacoub, Vahram Yeghiazaryan, Natalie Zemon Davis.

Postface

de Sylvain Diaz

DÉFLAGRATIONS

Genèse, écriture, mise en scène de *Tous des oiseaux*

C'est « par un temps d'automne au printemps » que, le 30 mai 2016, Wajdi Mouawad monte, en sa qualité de nouveau directeur[1], sur la grande scène du Théâtre national de la Colline à Paris pour y présenter aux spectateurs son projet, pour y passer avec eux un « Pacte », selon le titre du texte qu'il lit alors[2]. L'auteur-metteur en scène s'attache moins à dévoiler son approche renouvelée du fonctionnement du théâtre, pourtant marquée par d'importantes décisions – ainsi, de la disparition d'une programmation traditionnellement répartie de septembre à juin au profit de la création d'un « almanach » des spectacles programmés, selon le rythme des saisons, de janvier à décembre[3] ; ainsi, du renoncement au principe usuel d'abonnement en

1. Wajdi Mouawad a été nommé directeur du Théâtre national de la Colline à Paris, scène dédiée aux écritures contemporaines, par François Hollande, président de la République alors en fonction, le 6 avril 2016.
2. Wajdi Mouawad, *Le Pacte* (2016), manuscrit de l'auteur.
3. Voir « Des Saisons », dans *Almanach 2017-2018*, Paris, Théâtre national de la Colline, 2017, p. 12.

faveur de la valorisation d'un principe d'adhésion[4] –, qu'à « offrir un mot » aux spectateurs « en prémisse de tout[5] ». « Je l'ai cherché longtemps, ce mot, précise-t-il. Ce mot pacte, ce mot qui pourrait être une invitation au cours des prochaines années. Ce ne fut pas aisé[6]. »

À *joie*, à *responsabilité*, à *engagement*, Wajdi Mouawad préférera finalement un mot « anodin », mais qui est comme une « bombe » prête à exploser, celui de *rencontre* :

> *Rencontre* comme le mot *curiosité*. Comme le mot *étranger*. Comme le mot *autre*. Comme le mot *inquiétant*, comme le mot *différent*. *Déstabilisant*. Le mot *rencontre* englobe tous ces mots car *rencontre* exige un dépassement. La rencontre est inconfortable puisqu'on ne rencontre que ce qui nous est étranger. Inconnu. Rencontre n'est pas retrouvaille et l'on ne retrouve que ce que l'on a déjà connu[7].

Si, à bien des égards, la rencontre détermine la poétique de Wajdi Mouawad ainsi que l'illustre exemplairement *Littoral* (1997), pièce fondée sur des confrontations successives qui mènent progressivement Wilfrid vers le lieu où il enterrera son père[8], elle définit le projet artistique même du nouveau directeur du Théâtre national de la Colline, qui entend favoriser la « rencontre avec des auteurs-metteurs en scène », la

4. Voir « L'Utopie originelle », dans *Almanach 2017-2018*, *op. cit.*, p. 66-67.
5. Wajdi Mouawad, *Le Pacte*, *op. cit.*
6. *Ibid.*
7. *Ibid.*
8. C'est particulièrement vrai des deuxième, troisième et quatrième parties de la pièce. Wajdi Mouawad, « Là-bas », « L'Autre », « Chemin », dans *Littoral* (1997), Montréal / Arles, Leméac / Actes Sud, coll. « Babel », 2009, p. 65-121.

« rencontre avec des publics nouveaux » – notamment adolescents –, mais aussi la « rencontre avec des langues étrangères, dans les spectacles et hors du plateau », ou encore la « rencontre de l'équipe avec la création, du public avec l'équipe et des artistes avec le public[9] ». C'est précisément ce projet, qui s'inscrit à rebours de tout « cynisme », de tout « pessimisme », de tout « désengagement », de tout « désabusement[10] », qui prendra forme, dix-huit mois plus tard, avec la création le 17 novembre 2017 par Wajdi Mouawad et toute son équipe[11], sur cette même grande scène du Théâtre de la Colline, de *Tous des oiseaux*.

« DÉTONATION » – ÉLÉMENTS POUR UNE GENÈSE

Si *Tous des oiseaux* est la première pièce créée par Wajdi Mouawad à la Colline[12], sa genèse est de quinze

9. Wajdi Mouawad, *Le Pacte*, *op. cit.*
10. *Ibid.*
11. Il est à cet égard important de remarquer que Wajdi Mouawad s'est attaché, lors de l'édition de la pièce, à nommer, dans les remerciements, « l'équipe de création mais aussi les quatre-vingt-quatre personnes qui composent la tribu permanente de La Colline, chacun qui, de près ou de loin au sein des différents départements, a rendu cette création possible en s'en inquiétant, en la prenant à cœur, s'y attachant et la défendant avec joie et vigueur ». Wajdi Mouawad, *Tous des oiseaux* (2017), Montréal / Arles, Leméac / Actes Sud, coll. « Babel », 2019, p. 131-133.
12. Dans les remerciements figurant dans l'édition de *Tous des oiseaux*, Wajdi Mouawad souligne l'importance de cette première création en tant qu'elle « scelle le lien entre la nouvelle direction et l'équipe permanente, et incarne de manière déterminante la vision qui sera défendue au cours des prochaines années ». *Ibid.*, p. 131.

ans antérieure à la nomination du dramaturge[13]. Elle remonte en effet au début des années 2000, période marquée par le bouleversement géopolitique qu'ont constitué les attentats du 11 septembre 2001.

Une œuvre marquée par le terrorisme : écrire après le 11 septembre 2001

Avant d'être collective, cette expérience est, pour lui, « intime » en tant qu'elle participe d'une « explosion sensorielle et intérieure » à laquelle il va progressivement associer deux images : celle de sa mère mourante dans son lit d'hôpital ; celle d'un autobus mitraillé à Beyrouth en 1975[14]. De ce tiraillement « schizophrénique » entre son histoire et l'Histoire va surgir, nourri par une « inquiétude », une « peur », une « fragilité » collectives[15], un texte rageur, publié le 27 septembre 2001 dans les pages du *Devoir*. Dans cette « Lettre ouverte aux gens de mon âge » qui s'ouvre sur une histoire de la deuxième moitié du XXe siècle ponctuée des guerres du Vietnam, du Liban, de l'Iran contre l'Irak, des Malouines, du Golfe jusqu'aux récents

13. Wajdi Mouawad, « Aller vers l'ennemi, contre sa propre tribu, c'est aussi le rôle du théâtre… », entretien avec Joséphine El-Khazen, *L'Orient Le Jour*, 12 décembre 2017, https://www.lorientlejour.com/article/1089037/wajdi-mouawad-aller-vers-lennemi-contre-sa-propre-tribu-cest-aussi-le-role-du-theatre.html, page consultée le 9 mai 2019.
14. Jean-François Côté, *Architecture d'un marcheur – Entretiens avec Wajdi Mouawad*, Montréal, Leméac, 2005, p. 38-39. Au cours de ses entretiens avec Jean-François Côté, Wajdi Mouawad décrit précisément l'image du bus mitraillé le 13 avril 1975 à Beyrouth, vue lorsqu'il était enfant et réinvestie dans différents textes, tout particulièrement *Incendies* (2003). *Ibid.*, p. 79.
15. *Ibid.*, p. 39-40.

attentats, Wajdi Mouawad y accuse la « génération de nos parents [d'avoir] fait de nous des touristes affalés sur les plages de nos vies », convoquant la « colère de la jeunesse » à son égard :

> La jeunesse est en colère contre vous. Elle quitte cette plage aseptisée sur laquelle vous l'avez enfermée. Et comme Virgile, jadis, elle embarquera sur des navires à voiles pour rejoindre le grand large, là où l'enthousiasme est encore possible. La jeunesse est en colère. Elle part et vous laisse, touristes à votre propre vie, à votre propre ironie. Elle part et avec elle le soleil[16].

Apparue à Wajdi Mouawad en 2001, cette configuration collisionnelle entre deux générations ressurgira en 2009 lors de l'écriture de *Ciels*, dernier volet du *Sang des promesses* qui s'ouvre sur l'imprécation d'une « Voix Masculine » à l'encontre des « Enfantivores[17] ». Décryptant le projet d'attentat porté sur les réseaux électroniques par des « voix multiples. Jeunes. Enragées », Clément Szymanowski met en évidence, dans la séquence centrale de la pièce intitulée « La vérité », la levée de la jeunesse contre ses aînés :

> France, États-Unis, Angleterre, Italie, Russie, Allemagne, Japon, Canada. [...] Ces pays sont coupables d'avoir versé le sang des fils du siècle ! Cette géographie doit être vue comme la géographie des puissances des premières guerres mondiales, matrices des guerres d'aujourd'hui, d'un siècle mécanique et de son cortège de morts. C'est

16. Wajdi Mouawad, « Lettre ouverte aux gens de mon âge », dans *Le Devoir*, 27 septembre 2001. En dialogue avec Jean-François Côté, Wajdi Mouawad se livrera à une relecture critique de ce texte polémique. Voir Jean-François Côté, *Architecture d'un marcheur*, *op. cit.*, p. 42-43.
17. Wajdi Mouawad, *Ciels*, Montréal / Arles, Leméac / Actes Sud, coll. « Babel », 2009, p. 17.

la géographie du sang versé, c'est la géographie de la jeunesse massacrée. Celle d'hier et celle d'aujourd'hui. Cette voix qui nous condamne et nous menace, c'est la voix de ceux qui sont nés pendant les guerres, Vietnam, Liban, Iran-Irak, et qui ont grandi à l'ombre des hécatombes : Bosnie, Rwanda, Kosovo, Tchétchénie. Ils ont trente ans et cherchent aujourd'hui à donner la parole à toutes les jeunesses sacrifiées avant eux. Une vengeance de la jeunesse par la jeunesse, Occident et Orient confondus. La jeunesse du XXe siècle, dans le silence de son charnier, trouvant parole dans la jeunesse du XXIe siècle, fera entendre sa voix et son cri effroyable[18].

Si à aucun moment dans cette litanie des événements sanglants de l'histoire contemporaine il n'est fait référence aux attentats du 11 septembre, il n'en reste pas moins que cette pièce, dont la première « intuition » apparaît à l'auteur en 2004 lors d'un séjour new-yorkais[19], est hantée par le terrorisme à propos duquel Wajdi Mouawad propose, on le voit, une lecture originale, à rebours tant des œuvres que des discours philosophiques ou politiques contemporains. L'« explosion » produite le 11 septembre 2001 est « détonation[20] » poétique, marquant profondément et durablement cette écriture, ainsi qu'en atteste *Tous des oiseaux* dont l'action s'ouvre précisément à New York[21].

---

18. *Ibid.*, p. 54 et 80-81.
19. Voir Charlotte Farcet, « Aboli Bibelot d'inanité sonore », dans Wajdi Mouawad, *Ciels*, *op. cit.*, p. 119-120.
20. Wajdi Mouawad, *Tous des oiseaux*, *op. cit.*, p. 40.
21. Il convient de remarquer que la didascalie qui ouvre la scène inaugurale est imprécise quant à la détermination d'un cadre géographique : elle indique simplement que l'action se déroule dans la « grande salle d'une bibliothèque universitaire de la côte est américaine ». Ce n'est qu'à la troisième scène qu'une didascalie

Lorsqu'il fait remonter la genèse de sa pièce quinze ans plus tôt, Wajdi Mouawad ne convoque pourtant pas l'image commune de l'effondrement des tours du World Trade Center. Il l'associe plutôt à l'émergence d'une question « saugrenue », à tout le moins *curieuse* en tant qu'elle témoigne tout à la fois de la curiosité de l'auteur et de l'originalité de l'interrogation :

> Comment se passe la question du don d'organe[s] en Israël ? Quand un organe vient de quelqu'un qui n'est pas de notre communauté et qu'on est juif orthodoxe, qu'est-ce qu'on fait ? Est-ce que l'organe est accepté ? Le don d'organe est intéressant, car par principe, on ne sait pas d'où il provient. Et si c'est le cœur de son ennemi[22] ?

Formulée au début des années 2000, soit au moment du déclenchement de la seconde intifada qui aboutira à la mise en chantier de la Barrière de séparation israélienne, mur plusieurs fois évoqué dans *Tous des oiseaux*[23], cette question souligne une forte polarisation conflictuelle à travers l'exhaussement de la figure de l'ennemi. Celle-ci se trouve consacrée en 2017 par la

---

précisera que l'action se déroule alors à « New York ». *Ibid.*, p. 11 et 20.

22. Wajdi Mouawad, « Aller vers l'ennemi, contre sa propre tribu, c'est aussi le rôle du théâtre… », *art. cit.*

23. Si Leah évoque sa construction – « À l'époque où David est venu me voir, les Palestiniens explosaient au milieu des foules, dans les bus et aux terrasses des cafés. On a alors construit le mur et on a été tranquilles jusqu'aux attaques à l'arme blanche. » –, Wahida évoque, elle, son expérience « de l'autre côté de ce mur », séparation physique dont Eitan imaginera le dépassement en convoquant l'image des « oiseaux [qui] vont et viennent de chaque côté de ce mur ». Wajdi Mouawad, *Tous des oiseaux*, *op. cit.*, p. 58, 106 et 107.

publication, en ouverture du premier *Almanach* publié par le Théâtre de la Colline, d'une « Ode à l'ennemi ».

Plutôt que d'y fustiger « la brutalité et la lâcheté d'hommes de pouvoir » qui déclament « sans trembler leur dégoût de l'Autre, / de l'étranger, / du réfugié, / du rom, / de l'arabe », Wajdi Mouawad y dénonce « notre propre surdité », celle des « gens de lettres en France » :

> Comment et jusqu'à quel point nous sommes-nous déconnectés d'une partie de nos concitoyens dont nous n'entendons plus ni les paroles, ni les mots, ni le désarroi, ni la colère, ni le rejet qu'ils ont de nous ? Comment comprendre qu'avant de vouloir faire venir dans nos théâtres ceux-là qui n'y viennent jamais, il nous faut réaliser combien nous ne parvenons plus à entendre le dégoût que nous engendrons auprès d'un grand nombre d'entre eux parce que, dans notre manière d'être, nous ne voyons plus l'étendue de la sévérité, de la sécheresse, du manque d'hospitalité et de la désinvolture de notre entre-soi ?
> Comment crever nos tympans[24] ?

De manière décisive, cette « Ode à l'ennemi » vient orienter l'intuition première, née de cette curieuse question sur le don d'organes en Israël. Il ne s'agit pas de se jouer de l'autre, bouleversé dans son rapport à lui-même, mais d'être à l'écoute de ce qu'il éprouve, d'« entendre ce que la réalité de cet *ennemi* n'a de cesse de nous hurler[25] » ; il ne s'agit pas d'aller contre lui, mais d'« aller vers[26] » lui, dans un geste qui relève sans doute

---

24. Wajdi Mouawad, « Ode à l'ennemi », dans *Almanach 2017-2018*, *op. cit.*, p. 2-3.
25. *Ibid.*, p. 6.
26. Wajdi Mouawad, « Des langues, une écriture », entretien avec Charlotte Farcet, dans *Programme de* Tous des oiseaux, Paris, Théâtre national de la Colline, 2017, n. p. Voir. également Wajdi

moins du « bon sentiment[27] » par ailleurs revendiqué que d'une morale chrétienne particulièrement ancrée chez Wajdi Mouawad, morale qui exige d'« aimer son prochain comme soi-même » même si celui-ci est « la personne la plus éloignée de nous » :

> C'est une idée que j'ai toujours trouvée splendide. On voit bien ce que cela suppose, à la vie adulte, de difficultés, de volonté, de haine, de colère, de rage, d'être en face de quelqu'un qui est très différent de soi et avec qui on est en désaccord. Qui nous étonne absolument. Cette idée me touchait. Elle a éveillé chez moi la passion, le goût de l'aventure. Aller vers l'autre, parfois, c'est comme pénétrer une forêt vierge[28].

Depuis le Théâtre de la Colline, dont le nouveau maître des lieux promeut l'« hospitalité », *Tous des oiseaux* – qui s'ouvre sur une épigraphe empruntée à *Antigone* (-442) de Sophocle où Créon affirme qu'« un ennemi, même après sa mort, ne devient jamais un ami » – a ainsi été conçue comme une « sond[e] lancé[e] dans le noir », un « oriflamm[e] offer[t] à l'ennemi[29] » dans cette assurance d'un possible dépassement du conflit qui habite Antigone quand elle répond à son oncle : « Je suis faite pour aimer, non pour haïr[30]. »

Mouawad, « Aller vers l'ennemi, contre sa propre tribu, c'est aussi le rôle du théâtre… », *art. cit.*

27. Wajdi Mouawad, « Lettre ouverte aux gens de mon âge », *op. cit.*
28. Jean-François Côté, *Architecture d'un marcheur*, *op. cit.*, p. 52-53.
29. Wajdi Mouawad, « Ode à l'ennemi », *op. cit.*, p. 10-11.
30. Wajdi Mouawad, *Tous des oiseaux*, *op. cit.*, p. 9. « Je suis de ceux qui sont faits pour aimer, non pour haïr. » Sophocle, *Antigone*, trad. Robert Davreu, Arles, Actes Sud, 2011, p. 21. En 2011, Wajdi Mouawad a mis en scène *Antigone* de Sophocle articulée à *Électre* et aux *Trachiniennes*, triptyque présenté sous le titre *Des Femmes*.

Mais qui est-il, cet ennemi ? L'« Ode » s'attache à le nommer, faisant saillir sa multiplicité : « Brexit. Trump. Extrême droite[31]. » Travaillant à l'écriture de *Tous des oiseaux*, Wajdi Mouawad s'éloigne toutefois de ce « Triangle des Bermudes » où s'évanouit la figure même de l'ennemi[32] ; il entend au contraire le désigner clairement à partir de sa propre histoire :

> Concrètement, un Libanais ne peut pas être en lien avec un Israélien. C'est interdit. Le Liban ne reconnaît toujours pas Israël. Officiellement on évoque « l'entité sioniste » et, pour l'État libanais, l'entité sioniste est l'agresseur. Travailler avec un Israélien pour un citoyen libanais c'est se mettre dans une situation passible de trahison, de collaboration avec l'ennemi[33].

L'ENNEMI ISRAÉLIEN : DE *WILLY PROTAGORAS ENFERMÉ DANS LES TOILETTES* À *TOUS DES OISEAUX*

L'Israélien comme ennemi donc, figure paradoxalement absente de cette œuvre – dramatique comme romanesque – qui prend pourtant le Proche-Orient comme théâtre. Un tel constat est toutefois à nuancer. D'abord parce que cette œuvre compte des personnages d'origine juive, quoique non israéliens : que l'on pense notamment au couple que forment, dans *Forêts* (2006), Sarah et Samuel Cohen, résistants juifs promis à la mort dans les camps d'extermination nazis, ou plus encore à Franz Kafka, dont Wajdi Mouawad a souvent dit que

31. Wajdi Mouawad, « Ode à l'ennemi », *op. cit.*, p. 6.
32. *Ibid.*
33. Wajdi Mouawad, « Des langues, une écriture », *op. cit.*, n. p.

la lecture adolescente de *La Métamorphose* (1912) avait été décisive, auteur « juif[34] » qui lui inspirera l'une de ses premières pièces, *Journée de noces chez les Cromagnons* (1991). Ensuite parce qu'en dépit de l'affirmation de l'auteur lui-même selon laquelle, avec *Tous des oiseaux*, il « aborde le conflit israélo-palestinien à travers cette *première fois* », l'œuvre semble, dès l'origine, marquée par cet affrontement qui n'est pas sans résonance avec la guerre du Liban, ainsi que l'illustre exemplairement le massacre de Sabra et Chatila en 1982, commis par des milices chrétiennes libanaises sur des réfugiés palestiniens sous la surveillance, voire avec la participation de soldats israéliens, épisode sanglant dont le souvenir est convoqué tant dans *Incendies*[35] (2003) que dans *Anima*[36] (2012) ou encore *Tous des oiseaux*[37]. Surtout, la première pièce de Wajdi Mouawad met en scène deux familles (les Protagoras et les Philisti-Ralestine) qui se déchirent un appartement dans lequel les premiers ont recueilli, selon les lois de l'hospitalité, les seconds,

34. Wajdi Mouawad, « De la préhistoire », dans *Willy Protagoras enfermé dans les toilettes* (1989), Montréal / Arles, Leméac / Actes Sud, 2004, p. 5.

35. Wajdi Mouawad, *Incendies* (2003), Montréal / Arles, Leméac / Actes Sud, coll. « Babel », 2009, p. 82. Charlotte Farcet a montré comment « les grands massacres dans les camps de réfugiés de Kfar Riad et Kfar Matra » sont inspirés de celui commis à Sabra et Chatila, ainsi convoqué de manière indirecte et déformée. Charlotte Farcet, « L'Opacité des planchers et la transparence des plafonds », dans Wajdi Mouawad, *Incendies*, *op. cit.*, p. 152 et 156.

36. Wajdi Mouawad, *Anima*, Montréal / Arles, Leméac / Actes Sud, coll. « Babel », 2015, p. 234.

37. La troisième partie de la pièce s'ouvre sur un reportage télévisé relatif au récent massacre de Sabra et Chatila, la scène se déroulant en 1982. Wajdi Mouawad, *Tous des oiseaux*, *op. cit.*, p. 87.

qui en exigent désormais la jouissance intégrale, Astrid Machin se livrant à un récit exhaustif des derniers événements lors du premier acte :

> Assad Protagoras a interdit, et ce, très tôt ce matin, l'accès à la cuisine à tous les membres de la famille Philisti-Ralestine. [...] On en est venu aux coups, entre Willy Protagoras et Abgar Philisti-Ralestine. Ce qu'il y avait encore de meubles dans le salon fut détruit, ainsi que des assiettes, lancées de la cuisine par Assad Protagoras, qui allèrent s'écraser contre les murs de la salle à manger où s'étaient réfugiés les Philisti-Ralestine. Tout s'acheva de façon sanglante quand Conrad Philisti-Ralestine, voyant son fils malmené par Willy Protagoras, alla planter une fourchette dans la jambe de ce dernier ; celui-ci attrapa le premier objet qu'il trouva et l'écrasa sur la tête de Conrad Philisti-Ralestine. Il y a du sang partout, vous devriez voir ça, c'est affreux[38].

Si, rétrospectivement, Wajdi Mouawad articule l'écriture de sa pièce à « la situation au Liban, qui atteignait un point culminant[, l]e général Aoun s'ét[ant] barricadé dans le Palais présidentiel[39] », il n'en reste pas moins que par une onomastique qui ancre l'action dans le vaste Proche-Orient[40], par sa scénographie

38. Wajdi Mouawad, *Willy Protagoras enfermé dans les toilettes*, *op. cit.*, p. 21-22.

39. Wajdi Mouawad, « De la préhistoire », *op. cit.*, p. 6. Wajdi Mouawad fait référence au refus par le général Aoun, alors premier ministre intérimaire, de l'Accord de Taëf, traité inter-libanais destiné à mettre fin à la guerre civile libanaise adopté le 22 octobre 1989. Reclus dans le Palais présidentiel, il en sera expulsé en octobre 1990 par les forces syriennes, avec le soutien des États-Unis.

40. Ainsi Assad, le prénom du père de Willy Protagoras, évoque-t-il le nom du dictateur Hafez el-Assad alors au pouvoir en Syrie ; ainsi le nom de la famille Philisti-Ralestine renvoie-t-il immanquablement à la Palestine ainsi qu'aux Philistins qui auraient été les premiers à peupler cette région côtière, les deux mots ayant peut-être la

principalement constituée d'un « appartement séparé, déchiré, saccagé par deux familles qui ne veulent pas vivre ensemble[41] », *Willy Protagoras enfermé dans les toilettes* (1989) fait immanquablement écho au conflit israélo-palestinien qui, comme celui qui oppose les Protagoras aux Philisti-Ralestine, « n'en finit plus[42] ».

Etgar, David, Eitan : une généalogie masculine

Loin de cette perspective métaphorique pourtant familière à Wajdi Mouawad, *Tous des oiseaux* procède toutefois d'une approche du conflit israélo-palestinien que l'on pourrait peut-être qualifier de réaliste. Celle-ci résulte notamment d'un resserrement – radical en regard, par exemple, de *Willy Protagoras enfermé dans les toilettes*, qui ne compte pas moins de vingt personnages – du personnel dramatique autour d'une cellule familiale composée de cinq membres, celle des Zimmerman, nom à consonance juive relativement courant[43]. Plus précisément, la pièce déploie, dans le prolongement du *Sang des promesses*, une généalogie non plus féminine comme c'était le cas dans *Forêts*[44],

même source étymologique. Voir André Paul, « Philistins », *Encyclopædia Universalis* [en ligne], http://www.universalis-edu.com.acces-distant.bnu.fr/encyclopedie/philistins/, page consultée le 9 mai 2019.

41. Wajdi Mouawad, *Willy Protagoras enfermé dans les toilettes*, *op. cit.*, p. 31.
42. *Ibid.*, p. 23.
43. C'est à la quatrième scène que l'on apprend le nom de famille d'Eitan – et donc des siens. Wajdi Mouawad, *Tous des oiseaux*, *op. cit.*, p. 23. Il convient de noter que, lorsque la dernière consonne est doublée, le nom « Zimmermann » peut également être rattaché à la tradition allemande, désignant alors le charpentier.
44. « Je répéterai vos noms comme un talisman contre le malheur. / Odette, Hélène, Léonie, Ludivine, Sarah, Luce, Aimée, Loup ».

mais bien masculine à travers le portrait de trois hommes. Etgar, d'abord, le patriarche né à la fin des années 1930, survivant de la Shoah, orphelin envoyé en Israël à la fin des années 1940, soldat de Tsahal lors de la guerre des Six Jours en 1967, installé au début des années 1980 en Allemagne où, à la suite de sa séparation avec sa compagne israélienne, Leah, il élève seul David[45]. David, ensuite, né en 1967, qui grandit dans l'amour d'Israël aux côtés d'Etgar et de Leah jusqu'au début des années 1980 – moment où, adolescent, il part s'installer en Allemagne avec son père avec le sentiment d'avoir été abandonné par sa mère –, marié à Norah, psychologue juive d'origine est-allemande, père d'Eitan[46]. Eitan, enfin, dont on ignore la date de naissance, « jeune homme » de nationalité allemande préparant à New York une thèse en génétique relative à « l'évolution des microsatellites codants chez les primates », qui se définit lui-même alternativement comme un « connard » ou un « sceptique qui n'a jamais cru à rien » avant de céder au charme de Wahida, une « jeune femme » américaine rencontrée dans une bibliothèque universitaire[47].

Continue, cette généalogie témoigne pourtant d'un rapport de chacun de ses membres à l'espace, au temps comme à la judéité contradictoire : ainsi Etgar est-il tourné vers l'Orient – un Orient ensoleillé[48] – quand

---

Wajdi Mouawad, *Forêts*, Montréal / Arles, Leméac / Actes Sud, coll. « Babel », 2012, p. 162.

45. Wajdi Mouawad, *Tous des oiseaux*, *op. cit.*, p. 40, 95-96, 113.
46. *Ibid.*, p. 88.
47. *Ibid.*, p. 11, 13, 21, 46.
48. « Je n'avais jamais vu un olivier de ma vie, jamais mangé une figue ! Je ne connaissais que les champs de betteraves ! Et j'arrive ici. Je me rappelle encore, je n'avais pas dix ans et j'ai vu le soleil, j'ai

Eitan s'est, lui, installé en Occident – un Occident «enneig[é[49]]»; ainsi David est-il tourné vers le passé – tant les origines du peuple d'Israël que la Shoah[50] – quand Eitan, lui, vit au présent et cingle vers un futur qu'il n'envisage qu'avec Wahida[51]; ainsi David, très attaché à l'histoire et aux traditions juives, hanté par la crainte de la disparition du peuple d'Israël, déploie-t-il une virulente rhétorique anti-palestinienne[52] quand Eitan ne revendique pas sa judéité avant le dénouement, entonnant un «kaddish à [s]a façon» pour son père[53]. En rupture avec ses aînés, Eitan, fort de ses recherches scientifiques, peut ainsi dénoncer un régime de transmission intergénérationnel qui ne vise qu'à «écraser» la jeunesse, comme le faisait avant lui Anatole dans *Ciels*, reprochant à Abraham le sacrifice d'Isaac:

> Il n'y a pas de transmission comme tu te le figures, l'unique transmission qui existe est génétique, et la génétique est sourde, aveugle à tout affect, toute douleur! Ce n'est pas dans le sang ni dans la chair! C'est dans la tête! C'est juste de la psychologie de merde! Une éducation culpabilisante parce qu'on n'a pas trouvé encore une manière de raconter le passé aux enfants sans les faire chier, et si on les traumatise, c'est parce qu'on veut qu'ils soient traumatisés, on n'accepterait pas qu'ils s'en sortent! Alors on a inventé ce mot, «transmission», on leur dit «transmission» parce que «assassinat», ça ne se dit pas, on leur dit «mémoire, bagages des ancêtres,

---

vu la mer et toute cette lumière et j'ai eu la conviction de la fin du voyage. Là Israël, là le monde, là le centre.» *Ibid.*, p. 95.

49. *Ibid.*, p. 20.
50. *Ibid.*, p. 40-44.
51. *Ibid.*, p. 41 et 47.
52. *Ibid.*, p. 110-111.
53. *Ibid.*, p. 130.

> responsabilité du passé » et on les tue ! Parce qu'on a de la peine, un chagrin noir sans fin ! Comment expliquer sinon qu'on n'apprend rien ? Que de génération en génération on recommence[54] ?

En remettant en cause cette continuité généalogique, Eitan perturbe un ordre établi dont Etgar est le garant, vantant la stabilité du quotidien familial comme de l'organisation sociale[55] – même si, en s'attachant à son petit-fils comme à un fils[56], il met, comme Œdipe, lui-même à mal l'organisation filiale[57]. Aussi, parce qu'il entend démontrer scientifiquement cette discontinuité généalogique qu'il perçoit, Eitan procède-t-il, au terme d'une scène de conflit où il a traité son père d'« infanticide » et où son père l'a traité de « parricide[58] », à un prélèvement génétique, source d'une nouvelle enquête dont Wajdi Mouawad a éprouvé, depuis *Le Sang des promesses*, la théâtralité.

---

54. *Ibid.*, p. 31-32. Voir Wajdi Mouawad, *Ciels*, *op. cit.*, p. 46.
55. Wajdi Mouawad, *Tous des oiseaux*, *op. cit.*, p. 89 et 95.
56. C'est particulièrement net à la fin de la pièce où Etgar se livre à la description de la naissance d'Eitan, se substituant à la figure paternelle : « Je t'ai pris dans mes mains, petite chose à peine sortie du ventre de ta mère, et tout est devenu clair : j'ai volé David pour donner naissance à Eitan ! ». *Ibid.*, p. 118.
57. « En s'identifiant tout à la fois à ses jeunes enfants et à son vieux père, Œdipe, l'homme à deux pieds, efface les frontières qui doivent tenir le père rigoureusement séparé des fils et de l'aïeul pour que chaque génération humaine occupe dans la suite du temps et dans l'ordre de la cité la place qu'il lui revient. » Jean-Pierre Vernant, « Ambiguïté et renversement. Sur la structure énigmatique d'*Œdipe Roi* » (1970), dans Jean-Pierre Vernant et Pierre Vidal-Naquet, *Mythe et tragédie en Grèce ancienne* (1972), Paris, La Découverte, 2001, tome I, p. 130.
58. Wajdi Mouawad, *Tous des oiseaux*, *op. cit.*, p. 48.

L'ENQUÊTE EN ÉCHEC

Or, dans *Tous des oiseaux*, l'enquête tourne court. À peine Eitan a-t-il prélevé, sur leurs couverts, des échantillons de l'ADN de ses parents afin de « les séquencer », « les ficher dans des éprouvettes » que les résultats de ces analyses sont donnés par Wahida qui se livrait alors à un récit rétrospectif de cette scène : « Si l'expérience lui a confirmé, pour son grand malheur, qu'il était bien né de son père et de sa mère, elle lui a révélé que ce n'était pas le cas de son propre père. David n'est pas né d'Etgar[59]. » Cette première enquête ouvre ainsi, par rebond, sur une deuxième enquête relative cette fois-ci aux origines de David, Eitan se rendant en Israël pour y rencontrer « la seule qui sait », sa grand-mère Leah. En dépit des réticences de cette dernière, qui se montre avec ses différents interlocuteurs particulièrement agressive, la seconde enquête aboutit également rapidement – quoique de manière partielle[60]. Dès la fin de la deuxième partie de la pièce – soit, à peu de chose près, au milieu –, Etgar et Leah, de nouveau réunis, révèlent « par [d]es mots englués » à Eitan, plongé dans le coma, la vérité, une vérité dont se souvient le jeune homme qui, à son réveil dans la scène suivante, reprend les mots de son grand-père : « … Dans un village, il y avait des gens… Je devais nettoyer des maisons, et dans une armoire, un enfant[61]… » Et la scène inaugurale de la troisième partie, qui se déroule en 1982, d'offrir par cette ellipse

59. *Ibid.*, p. 49.

60. Dans son monologue final, Eitan regrette en effet de ne pas avoir pu découvrir le « nom inconnu » de son père qui « restera à jamais comme la plus douloureuse des énigmes ». *Ibid.*, p. 130.

61. *Ibid.*, p. 82.

au spectateur toutes les clés de l'intrigue : David n'est pas le fils d'Etgar et de Leah, mais un enfant « trouvé », dira Eitan, enlevé, finira par révéler Etgar, à une famille palestinienne[62].

À l'inverse d'*Incendies* où l'investigation se déploie de la première à la dernière scène de la pièce, dans une progression laborieuse vers la vérité au gré de nombreuses épreuves, les enquêtes de *Tous des oiseaux* – qui participent d'une continuité généalogique avec laquelle Eitan avait voulu rompre, celui-ci se tournant, comme son père, vers le passé, faisant route, comme son grand-père, vers l'Orient – donnent lieu à des révélations tant rapides que brutales, et donc « explosi[ves[63]] » en dépit de la précaution des personnages qui estiment que « ce n'est pas la vérité qui crève les yeux d'Œdipe, mais la vitesse avec laquelle il la reçoit [comme] ce n'est pas le mur qui tue le coureur automobile, mais la vitesse avec laquelle il s'y fracasse[64] ». C'est pourquoi à la différence de Jeanne et de Simon, David, qui apprend brutalement par Etgar qu'il est « Palestinien », qu'il est « ce qu['il] détest[e] », qu'il est « Arabe », qu'il n'a « rien de Juif », ne s'en relèvera pas[65]. Enrayée dans *Ciels* où elle ne permet pas aux personnages d'aboutir à temps au décryptage des

62. *Ibid.*, p. 96 et 114.
63. Wajdi Mouawad, « Le Rêve de Dominique », dans *Le soleil ni la mort ne peuvent se regarder en face*, Montréal / Arles, Leméac / Actes Sud, 2008, p. 8.
64. Wajdi Mouawad, *Tous des oiseaux*, *op. cit.*, p. 100. Déjà, dans *Le soleil ni la mort ne peuvent se regarder en face*, il était question du « mur éblouissant de la révélation ». *Op. cit.*, p. 15.
65. Wajdi Mouawad, *Tous des oiseaux*, *op. cit.*, p. 115 et 120.

données qui annonçaient un attentat éminent[66], sabotée dans *Temps* (2012) où le coupable est immédiatement désigné[67], cette dramaturgie du mystère et de la révélation, héritée de Sophocle[68], apparaît dans *Tous des oiseaux* défaite, échouant à structurer la pièce selon une perspective progressive que Wajdi Mouawad a toujours fait sienne, revendiquant dans la tradition aristotélicienne l'écriture de fables dotées d'un début, d'un milieu et d'une fin[69].

Une structure explosée

La structure de *Tous des oiseaux* est en effet irrégulière, les vingt-six séquences qui composent la pièce étant distribuées de manière inégale dans ses quatre parties. « Oiseau de beauté », la première d'entre elles, de loin la plus longue, se compose de huit séquences. De

66. Wajdi Mouawad, *Ciels*, *op. cit.*, p. 109. Sur ce point, voir tout particulièrement Barbara Métais-Chastanier, « La Crise de l'enquête dans *Ciels* », dans *L'Enquête à l'œuvre – La Représentation inquiétée dans les dramaturgies contemporaines*, thèse de doctorat en Arts du spectacle, sous la direction de Jean-Loup Rivière, ENS de Lyon, 2013, p. 158-165.
67. Wajdi Mouawad, « L'Inquiétude comme boussole » (2011), dans *Temps*, Montréal / Arles, Leméac / Actes Sud, 2012, p. 5-6.
68. Hortense Archambault, Vincent Baudriller, Wajdi Mouawad, *Voyage pour le Festival d'Avignon 2009*, Paris, P.O.L. / Festival d'Avignon, 2009, p. 40-41.
69. *Ibid.*, p. 11. Cette idée est reprise lors d'un échange avec Laure Adler, à l'occasion de ce même Festival d'Avignon 2009. Wajdi Mouawad, *Qui sommes-nous ? – Fragments d'identité*, Avignon, Éditions universitaires d'Avignon, coll. « Entre-vues – Leçons de l'Université », 2009, p. 42. C'est au septième chapitre de *La Poétique* qu'Aristote définit la tragédie comme un « tout [...] qui a un commencement, un milieu et une fin ». Aristote, *La Poétique*, trad. R. Dupont-Roc et J. Lallot, Paris, Éditions du Seuil, coll. « Poétique », 1980, chapitre 7, 50 b 26, p. 59.

longueurs équivalentes, la deuxième et la troisième parties, « Oiseau du hasard » et « Oiseau de malheur », sont constituées respectivement de huit et de cinq séquences. « Oiseau amphibie », la dernière d'entre elles, se démarque enfin par son extrême brièveté, quoiqu'elle soit composée de cinq séquences qui attestent, à partir de la révélation des origines de David, d'une accélération sensible du rythme vers le dénouement. De plus, en dépit de leur numérotation continue, les séquences se révèlent hétérogènes, se déroulant tantôt aux États-Unis, tantôt en Israël, tantôt dans les années 1980, tantôt de nos jours – tant et si bien qu'il est particulièrement difficile de déterminer avec certitude, dans un premier temps, le cadre spatio-temporel référentiel de *Tous des oiseaux* : quel est son présent ? quel est son « lieu[70] » ?

C'est que ce lieu et ce présent à partir desquels il faut réagencer toutes les séquences de la pièce nous sont fondamentalement inaccessibles, car ce sont ceux d'un attentat se produisant de nos jours, sur le pont d'Allenby, à la frontière israélo-jordanienne, et dont nous ne percevons que l'« *Explosion*[71] » épargnant Wahida (retenue en interrogatoire par Eden) et blessant Eitan (plongé dans le coma). Et l'on comprend mieux pourquoi, écrite à partir de ce *ground zero*, la structure de *Tous des oiseaux* est explosée, comme celle du *11 septembre 2001* (2002) de Michel Vinaver qui, par « l'invention [...] d'un objet de parole en explosion, en implosion » entendait « imit[er] l'explosion des

70. Wajdi Mouawad, *Qui sommes-nous ?*, *op. cit.*, p. 28.
71. Wajdi Mouawad, *Tous des oiseaux*, *op. cit.*, p. 29.

avions, l'implosion des tours[72] ». Le « souffle de l'explosion[73] » qu'évoque Norah a ainsi dévasté la dramaturgie jusqu'à présent opératoire de l'enquête, qui permettait de « redonner de la cohérence au milieu de l'incohérence[74] » : aussi, selon Charlotte Farcet, le dénouement jouait-il un rôle déterminant, favorisant, comme l'exigeait déjà la poétique classique, une résolution de l'intrigue par laquelle « poursuivre devient possible et la réconciliation apparaît[75] ». Il n'en est rien dans *Tous des oiseaux*, dont la scène finale ne permet pas au spectateur de « sort[ir] l'esprit en repos », sans qu'il « ne soit plus en doute de rien[76] », ainsi que l'écrivait Corneille dans son *Discours du poème dramatique* (1660) : qu'adviendra-t-il de Eitan, qui a perdu son père en remontant le fil de son histoire ? qu'adviendra-t-il de Wahida, qui a renoué avec ses origines arabes et a trouvé, en pleine guerre, refuge « de l'autre côté de ce mur » ? qu'adviendra-t-il d'Etgar, qui a révélé l'inavouable, causant la perte de David ? qu'adviendra-t-il de Norah, qui a perdu son mari ? qu'adviendra-t-il de Leah, qui a perdu celui

72. Michel Vinaver, « Mimèsis », dans *Dossier de presse de* September 11, 2001, mise en scène de Robert Cantarella, Paris, Théâtre National de la Colline, 2006.

73. Wajdi Mouawad, *Tous des oiseaux*, *op. cit.*, p. 100.

74. Hortense Archambault, Vincent Baudriller, Wajdi Mouawad, *Voyage pour le Festival d'Avignon 2009*, *op. cit.*, p. 11. Wajdi Mouawad prend toutefois soin de préciser qu'« on peut très bien faire cela tout en sachant parfaitement qu'aucune cohérence n'existe réellement dans la vie ». Voir également Wajdi Mouawad, *Qui sommes-nous ?*, *op. cit.*, p. 42.

75. Charlotte Farcet, « L'Opacité des planchers et la transparence des plafonds », *op. cit.*, p. 161-162.

76. Corneille, *Discours de l'utilité et des parties du poème dramatique* (1660), dans *Œuvres complètes*, Paris, Gallimard, coll. « Bibliothèque de la Pléiade », 1984, volume III, p. 125.

qu'elle a élevé comme son fils ? Pour ces personnages, poursuivre est désormais impossible tant ils sont pris au « piège[77] » d'une insurmontable réalité qu'affronte, quant à lui, David, estimant, au moment de mourir, que « rien n'est réparé » :

> Moi, j'aurais aimé connaître les enfants de mon fils. Tant aimé encore marcher sous la pluie, compter les étoiles, profiter davantage des silences et parler plus doucement aux choses. Moi, j'aurais voulu vieillir avec ma femme. Je ne savais pas combien étaient puissants les regrets de ce qui n'a pas été réconcilié[78].

À rebours de la tradition hégélienne à laquelle Wajdi Mouawad semblait précédemment se conformer en recherchant l'apaisement des spectateurs par la réconciliation des personnages[79], *Tous des oiseaux* se referme ainsi sur une cinglante irréconciliation semblable à celle qu'éprouvent chaque jour Israéliens et Palestiniens, personnages et spectateurs étant brutalement réinscrits dans une Histoire à laquelle il semblait, par l'histoire, possible d'échapper[80] en jouant de la « concordance »

---

77. Wajdi Mouawad, *Tous des oiseaux*, *op. cit.*, p. 43 et 53. Les personnages soulignent à plusieurs reprises l'idée d'un enfermement. Ainsi de Norah : « David, avant que l'aéroport ne ferme il faut qu'on parte d'ici. Il y a sûrement moyen de transporter Eitan à Berlin par avion. [...] David, il faut essayer de partir. Si le pays ferme on est coincés. » *Ibid.*, p. 72.
78. *Ibid.*, p. 129.
79. « Au-dessus de la simple crainte et de la sympathie tragique, il y a le sentiment de *réconciliation* que procure la tragédie par le regard de la justice éternelle. » Georg Wilhelm Friedrich Hegel, *Cours d'esthétique* (1832), trad. J.-P. Lefebvre et V. von Schenck, Paris, Aubier, coll. « Bibliothèque philosophique », 1997, p. 496.
80. Voir Charlotte Farcet, « L'Opacité des planchers et la transparence des plafonds », *op. cit.*, p. 159-160.

contre la « discordance », selon la leçon de Paul Ricœur[81]. Et c'est peut-être en cela que cette écriture peut être dite pour la première fois réaliste – ce dont atteste un certain assèchement de sa nappe métaphorique, dans d'autres textes très développée. Elle est en effet dépassée par une réalité qui lui impose sa cohérence politique – celle de la violence – et dénonce son incohérence poétique – celle d'une illusoire « consolation » par la fiction dont se revendiquait Wajdi Mouawad[82], mais qui ne trouve désormais plus à s'opérer. À cet égard, le cri final d'Eitan, qui résonne à cinq reprises, est fondamentalement choral ; proprement déchirant[83], il est celui d'un « "je" impersonnel[84] » qui s'accorde à chacun des cinq personnages en deuil, pleurant une irrémédiable séparation avec l'autre comme avec soi-même :

> Je ne me consolerai pas,
> Je ne me consolerai pas,
> Je ne me consolerai pas,
> Je ne me consolerai pas,
> Je ne me consolerai pas[85].

---

81. Paul Ricœur, *Temps et récit 1 – L'Intrigue et le récit historique* (1983), Paris, Éditions du Seuil, coll. « Points / Essais », 1991, p. 66.
82. Wajdi Mouawad, « Une consolation impitoyable », dans *Incendies*, *op. cit.*, p. 9-11.
83. Selon Barbara Métais-Chastanier, « consoler, c'est d'abord rendre entier, *cum-solus*, rendre complet, restaurer l'unité par le rassemblement de ce qui est seul et défait ». *L'Enquête à l'œuvre*, *op. cit.*, p. 156.
84. Wajdi Mouawad, « La Courbature » (2006), dans Hortense Archambault, Vincent Baudriller, Wajdi Mouawad, *Voyage pour le Festival d'Avignon 2009*, *op. cit.*, p. 70.
85. Wajdi Mouawad, *Tous des oiseaux*, *op. cit.*, p. 130. D'autres pièces de l'auteur se referment sur de telles répétitions. Voir Wajdi Mouawad, *Littoral*, *op. cit.*, p. 144 ; Wajdi Mouawad, *Forêts*, *op. cit.*, p. 108 ; Wajdi Mouawad, *Le soleil ni la mort ne peuvent se regarder en face*, *op. cit.*, p. 117.

Mais revenons à la genèse de *Tous des oiseaux*, résultant, comme celle des précédentes pièces, d'une «rencontre qui, très vite, agglomère une série d'événements [...] à première vue disparates, mais dont la conjugaison ouvre des fenêtres vers des récits inattendus», ainsi que l'explique Wajdi Mouawad à l'appui de l'exemple de *Forêts*, surgie de la «collision de deux hasards – celui d'un cimetière dans le sud de la France et d'un MacDonald's tchèque[86] ». Outre la question sur le don d'organes en Israël, la genèse de *Tous des oiseaux* est ainsi également rapportée à la rencontre, cette fois-ci au sens strict, sans doute à l'aube des années 2010[87], de l'«auteur québécois d'origine libanaise» avec l'historienne «juive» d'origine canadienne Natalie Zemon Davis, qui intégrera finalement l'équipe de création de la pièce[88].

De Natalie Zemon Davis à Wahida : l'invention d'une «bombe atomique»

Or, Natalie Zemon Davis, née en 1928 dans le Michigan, professeure émérite de l'université de Princeton aux États-Unis et de l'Université de Toronto au Canada,

86. Sylvain Diaz, *Avec Wajdi Mouawad – Tout est écriture*, Montréal / Arles, Leméac / Actes Sud, coll. «Apprendre», 2017, p. 41 et 43.
87. Le dossier de presse de *Tous des oiseaux*, qui fait de cette rencontre avec Natalie Zemon Davis la «source première» de la pièce, indique que l'écriture résulte d'une «incubation de plus de sept années», ce qui permet de dater approximativement cette rencontre à l'aube des années 2010. *Dossier de presse de* Tous des oiseaux, Paris, Théâtre national de la Colline, 2017, p. 7.
88. Wajdi Mouawad, *Tous des oiseaux*, *op. cit.*, p. 131.

n'est pas spécialiste, comme on aurait pu s'y attendre, du conflit israélo-palestinien. Dans le prolongement de son premier ouvrage, *Society and Culture in Early Modern France*, paru en 1975, ses travaux portent prioritairement sur l'Europe du XVIe siècle dont elle a valorisé des figures tant anonymes – particulièrement féminines[89] – que populaires – ainsi de Martin Guerre ou de Léon l'Africain, auxquels elle a consacré des études respectivement en 1983 et en 2006[90]. Ce sont les recherches menées par Natalie Zemon Davis sur cette dernière figure historique qui retiennent particulièrement l'attention de Wajdi Mouawad. C'est que Hassan Ibn Mohammed Al-Wazzân dit Léon l'Africain, diplomate né en Andalousie au tournant du XVIe siècle, a eu une vie particulièrement romanesque, propre à favoriser les « formidables rêveries[91] » de l'auteur comme de son aîné, l'écrivain franco-libanais Amin Maalouf qui lui avait consacré un livre en 1986[92] :

> En 1518, de retour de pèlerinage à La Mecque, [Hassan Ibn Mohammed Al-Wazzân] est capturé par un pirate chrétien. Le pirate, au lieu de vendre comme simple esclave ce diplomate de haut rang, choisit plutôt de l'offrir au pape Léon X. Le pape, impressionné par son esprit, lui rend sa liberté en échange de sa conversion. Et, à la faveur d'un peu d'eau versée sur sa tête, Hassan

89. Natalie Zemon Davis, *Juive, catholique, protestante. Trois femmes en marge au XVIIe siècle*, trad. A. Levi, Paris, Éditions du Seuil, 1997.
90. Natalie Zemon Davis, *Le Retour de Martin Guerre* (1983), Paris, Tallandier, 2008 ; Natalie Zemon Davis, *Léon l'Africain. Un voyageur entre deux mondes* (2006), trad. D. Peters, Paris, Payot & Rivages, 2014.
91. Wajdi Mouawad, *Tous des oiseaux*, *op. cit.*, p. 131.
92. Amin Maalouf, *Léon l'Africain* (1986), Paris, Hachette Jeunesse, 2006.

Al-Wazzân change de religion et devient Léon l'Africain. Et toute sa vie est comme ça. Ni destin ni hasard, toujours entre les deux. Un pont. Il voyage, côtoie les plus humbles comme les plus puissants, rencontre des tribus, apprend des langues. Contemporain de Vinci et de Machiavel, il passe dix années à Rome où il écrit un immense traité de géographie pour raconter aux Européens une Afrique insoupçonnée et se lie d'amitié autant avec les juifs qu'avec les chrétiens. Et quand finalement il retourne chez lui, on perd sa trace. Personne ne sait où il est mort et on n'a jamais trouvé sa tombe. Il disparaît, il s'évanouit[93].

Formulé dans *Tous des oiseaux*, ce récit est pris en charge par Wahida, qui apparaît comme un double inversé de Natalie Zemon Davis : à l'instar de Jeanne dans *Incendies* avec laquelle on pourrait la confondre[94], Wahida est en effet une jeune chercheuse préparant à l'université Columbia de New York une thèse sur Léon l'Africain[95]. C'est pourtant moins son savoir que sa sensualité qui est vantée dès la scène

93. Wajdi Mouawad, *Tous des oiseaux*, *op. cit.*, p. 27-28.

94. C'est ce que semble suggérer l'auteur en leur attribuant, de manière troublante, des généalogies proches, quoique clairement distinctes. « Je suis Wahida, fille de Nawal, petite-fille de Nazira, arrière-petite-fille de Souloum, vendeuse de brindilles dans les montagnes du Haut Atlas », dit la jeune femme au terme de la pièce. *Ibid.*, p. 125. Seule la précision géographique permet de distinguer cette généalogie de celle de Jeanne, fille, dans *Incendies*, de Nawal, arrière-petite-fille de Nazira. Une datation, même approximative, permet de confirmer cette distinction : si, dans *Tous des oiseaux*, Nawal est de la même génération que David et Norah et donc née à la fin des années 1960, dans *Incendies*, Nawal est, elle, née en 1938 ainsi que l'a établi Charlotte Farcet. Charlotte Farcet, « L'Opacité des planchers et la transparence des plafonds », *op. cit.*, p. 156.

95. Wajdi Mouawad, *Tous des oiseaux*, *op. cit.*, p. 24-25.

inaugurale[96]. Eitan apparaît, lors de leur rencontre, sidéré par son « improbable[97] » beauté. Au terme d'un interrogatoire particulièrement dur, Eden cède à ses pulsions, « embrass[ant] Wahida », nue devant elle, dont la beauté « ren[d] fou[98] ». Norah, qui l'appelle sa « beauté fatale des *Mille et Une Nuits* », lui reproche de ne pas savoir « gérer cette beauté » qui pousse à « [s]e défigurer[99] ». Et Wahida elle-même de reconnaître avoir joué de « cette beauté qui aveugle le monde et [...] tout misé dessus, belle bouche, taille fine, gros seins, belles fesses[100] ». Tout à la fois « ange » et « pute », elle est tout simplement une « bombe atomique », « une arme de destruction massive[101] » provoquant, selon David et Norah qui projettent en elle l'image de ces « kamikazes[102] » menaçant l'unité de la nation israélienne, l'explosion de la cellule familiale en tant non seulement que non-juive – elle remet en effet en cause un système de transmission de la religion juive par la mère et participe de cette manière à la « disparition » du peuple d'Israël –, mais également en tant qu'arabe – elle s'inscrit dans une communauté

96. Wajdi Mouawad confiera qu'il recherchait, pour incarner Wahida, « une comédienne qui soit très belle ». C'est Valérie Nègre, son assistante, qui le conduira jusqu'à Souheila Yacoub. Brigitte Salino, « Théâtre : irradiante Souhaila Yacoub », *Le Monde*, 21 décembre 2018, https://www.lemonde.fr/culture/article/2018/12/21/theatre-irradiante-souheila-yacoub_5401075_3246.html ?xtmc=wajdi_mouawad&xtcr=4, page consultée le 9 mai 2019.
97. Wajdi Mouawad, *Tous des oiseaux*, *op. cit.*, p. 20.
98. *Ibid.*, p. 28-29. Eden précisera plus loin que la beauté de Wahida incite au délire. *Ibid.*, p. 50.
99. *Ibid.*, p. 67-69.
100. *Ibid.*, p. 104.
101. *Ibid*, p. 56, 77 et 104.
102. *Ibid.*, p. 109.

« ennemi[e] » qui « veut la destruction d'Israël[103] ». Discutable parce que partiale, cette analyse qui dénie à Eitan toute capacité et donc toute responsabilité[104] masque la vraie détermination disruptive du personnage de Wahida, qui défait surtout la trame narrative de la pièce, restreinte à la seule famille Zimmerman, en convoquant, comme Wilfrid le faisait pour le Chevalier Guiromelan dans *Littoral*, Wazzân.

WAZZÂN, OU L'AUTRE EN SOI-MÊME

Au plateau, cette figure bouleverse nécessairement le rapport à l'espace – non plus réaliste, mais bien mental[105], ce que conforte le repli intérieur de personnages fuyant le monde, à l'inverse de ceux d'autres pièces[106] – et, surtout, au temps – obligeant par sa seule présence fantomatique à un décollement de l'immédiatement contemporain auquel nous assigne l'attentat, à sa réinscription dans une histoire plus vaste qui remonte au XVIe siècle et en deçà, jusqu'à la traversée de la mer Rouge évoquée[107], voire jusqu'au

103. *Ibid.*, p. 41-44.
104. *Ibid.*, p. 72-73.
105. Cette détermination mentale de l'espace est particulièrement nette dans la vingt-cinquième séquence, où Wazzân intervient « dans le coma de David ». *Ibid.*, p. 125.
106. Contre les espaces extérieurs – une rue enneigée, une plage ensoleillée –, la pièce valorise nettement les espaces intérieurs : une bibliothèque universitaire, une chambre d'hôpital, une boîte de nuit, un café, un poste-frontière, l'appartement de Leah, l'appartement d'Eitan, une salle d'attente à l'hôpital. Or, avec *Seuls*, Wajdi Mouawad a travaillé à une détermination intime, et pour tout dire mentale, de l'espace intérieur. Wajdi Mouawad, *Seuls – Chemin, texte et peintures*, Arles / Montréal, Actes Sud / Leméac, 2008.
107. Wajdi Mouawad, *Tous des oiseaux*, *op. cit.*, p. 38.

Big Bang sur lequel s'ouvre la pièce[108] –, mais aussi au-delà : Eden n'estime-t-elle pas que cette guerre « va durer encore mille ans[109] » ? En ce sens, Wazzân met à mal la perspective réaliste précédemment vantée, réactivant la métaphore qui semblait tarie par le récit final de l'histoire de l'oiseau amphibie :

> Un oiseau vient au monde et voilà qu'à la faveur de son premier envol il passe au-dessus des eaux de la mer. La lumière laisse entrevoir sous la surface les poissons aux écailles argentées. Ému par cette beauté inconnue, l'oiseau veut aller à leur rencontre et il tombe vers la mer. Mais les autres oiseaux, ses congénères, le rattrapent avant qu'il n'atteigne les vagues. « Non ! lui dit le plus sage, ne t'avise jamais d'aller vers ces créatures. Elles te sont étrangères en tous points et, les rejoignant, tu mourrais comme elles mourraient si elles nous rejoignaient. Nous ne sommes faits ni pour nous rencontrer ni pour vivre ensemble. » L'oiseau obéit et va sa vie, mais toujours son cœur se tord à la vue de la mer. Taciturne, il ne chante plus. Jusqu'au jour où, pétri par un chagrin devenu trop lourd à porter, il songe qu'à une longue vie malheureuse il préfère un seul instant d'extase, et il referme sur lui ses ailes ! Et dans la bleuité du ciel, il tombe vers la bleuité de la mer pour en fendre la surface. Le voilà sous l'eau, s'enfonçant vers l'abysse des lumières et dans le peu de temps qu'il lui reste, l'oiseau ouvre ses yeux ! Infinité de poissons multicolores ! Satin insoupçonné des abîmes ! Indicible beauté étrangère ! Son cœur s'enflamme ! Sa dernière heure approche, mais il ne s'en soucie plus, tout à son désir de l'autre, de ce qui est différent, et ce désir est si absolu, si immense, si spirituel, qu'à l'instant précis où la mort veut le saisir des ouïes lui poussent au cou !

108. *Ibid.*, p. 15. Ce motif, qui désigne chez Eitan la rencontre amoureuse, est repris par l'auteur dans sa dédicace à Charlotte Farcet. *Ibid.*, p. 7.
109. *Ibid.*, p. 84.

> Et il respire ! Il respire ! L'oiseau respire ! Et, respirant, volant-nageant, il s'avance au milieu des poissons aux écailles d'or, de jade et de rose aussi subjugués par lui que lui par eux, et, les saluant, l'oiseau prononce la parole magique : « Me voici ! C'est moi ! Je suis l'oiseau amphibie arrivant au milieu de vous, je suis l'un des vôtres, je suis l'un des vôtres[110] ! »

Il n'est pas indifférent que ce récit décisif ait été confié à Wazzân, qui, comme l'oiseau amphibie, motif non inédit dans cette œuvre[111], est un « mutant[112] ». D'où l'intérêt de Wajdi Mouawad, qui, du fait de son arrachement à sa terre et à sa langue natales, promeut une conception « ondulatoire[113] » de l'identité, pour cette figure convoquée une première fois en 2009, soit au moment de sa rencontre avec Natalie Zemon Davis. Travaillant, en vue de sa reprise au Festival d'Avignon dont il est alors l'artiste associé, à une réécriture de *Littoral*, l'auteur change en effet le nom de certains personnages, ce qu'a relevé Charlotte Farcet[114] : ainsi « l'aveugle qui lit en pleine nuit[115] », figure topique de

110. Wajdi Mouawad, *Tous des oiseaux*, *op. cit.*, p. 127-128.
111. Déjà, dans *Forêts*, il était question d'un « pélican plongeant dans la mer ». Wajdi Mouawad, *Forêts*, *op. cit.*, p. 78.
112. Wajdi Mouawad, *Tous des oiseaux*, *op. cit.*, p. 28. L'auteur recourt également à ce terme pour parler de lui-même, convoquant de manière sous-jacente *La Métamorphose* de Kafka, lecture si déterminante pour lui. Voir Jean-François Côté, *Architecture d'un marcheur*, *op. cit.*, p. 71.
113. Wajdi Mouawad, *Qui sommes-nous ?*, *op. cit.*, p. 32-33.
114. Charlotte Farcet, « Le Mystère des naissances », dans Wajdi Mouawad, *Littoral*, *op. cit.*, p. 187.
115. Wajdi Mouawad, *Littoral*, *op. cit.*, p. 65. Déclamant les premiers vers de l'*Iliade* lors de son apparition, le personnage évoque la figure d'Homère dont les œuvres ont accompagné l'écriture de la pièce. Voir Charlotte Farcet, « Le Mystère des naissances », *op. cit.*, p. 162-164.

la clairvoyance qui accueille Wilfrid dans le pays de ses origines et pousse la jeunesse à prendre le large – selon un plaidoyer ne figurant pas dans la première version et prolongeant la « Lettre ouverte aux gens de mon âge[116] » –, se nomme-t-il non plus Ulrich mais Wazâân. Celui-ci s'inscrit dès lors, au même titre que son double de *Tous des oiseaux*, dans la lignée des « W comme Wajdi » dont l'auteur livre le nom dans *Le Sang des Promesses* (Wilfrid dans *Littoral* ; Wahab, Nawal, Sarwan et Sawda dans *Incendies* ; Loup – Wolf – dans *Forêts* ; Clément Szymanowski dans *Ciels*[117]) comme dans *Seuls* (Harwan, dont l'identité fait l'objet d'une recherche spécifique d'un prénom masculin arabe avec un W, est présenté par l'auteur comme « Wajdi si Wajdi n'avait pas fait de théâtre[118] »). La récurrence du personnage de Wazzân à seulement huit années d'intervalle atteste toutefois d'un attachement particulier à son égard : il est de ce fait significatif que ce soit lui qui ouvre la représentation de *Tous des oiseaux*, tendant, dans un geste que ne mentionne pas la didascalie inaugurale, à Wahida – autre « W comme Wajdi » –, assise dans la pénombre d'une bibliothèque, le livre qui sera le déclencheur de l'histoire.

116. « Partez, partez tous les deux, partez avant le jour. Au matin je leur dirai que la fille qui chantait est partie, je leur dirai que le jeune homme qui est revenu vers sa terre d'origine est reparti. Je les maudirai, je leur dirai : Écoutez la colère de la jeunesse qui fera de vous les vaincus des vaincus. La jeunesse est en colère contre vous. Elle part et avec elle le soleil ». Wajdi Mouawad, *Littoral*, *op. cit.*, p. 82. L'intertextualité avec la « Lettre ouverte aux gens de mon âge » est manifeste. Wajdi Mouawad, « Lettre ouverte aux gens de mon âge », *op. cit.*

117. Wajdi Mouawad, *Le Sang des promesses – Puzzle, racines et rhizomes*, Arles / Montréal, Actes Sud / Leméac, 2009, p. 10.

118. Wajdi Mouawad, *Seuls*, *op. cit.*, p. 95 et 112-113.

C'est que Wazzân est une figure du converti qui oblige à considérer l'autre en soi-même et révèle l'ambiguïté de tous les personnages de cette pièce dont l'objet est sans doute moins le conflit israélo-palestinien que les crispations identitaires qu'il induit, selon une approche plus intime que politique qui a pu être reprochée à l'auteur. Marquant un renoncement au singulier initialement envisagé[119], le pluriel du titre le dit assez : ce sont « tous des oiseaux », car ce sont tous des convertis. Converti, David, sioniste convaincu qui se découvre arabe. Convertie, Norah, adolescente est-allemande qui se découvre juive. Convertis, Eitan et Wahida, qui reconnaissent des origines avec lesquelles ils pensaient pouvoir rompre. Convertie, la poétique même de Wajdi Mouawad qui, dans cette pièce, connaît d'importantes mutations tant thématiques (on relèvera par exemple le glissement du motif, prédominant dans les précédents textes, de l'abandon maternel, même involontaire, à celui de l'enlèvement criminel) qu'esthétiques (y participe de manière significative le refus de toute fin résolutive, auparavant commenté) – conversion poétique manifeste dans le statut ambigu, unique dans cette œuvre théâtrale, de ce texte.

Une conversion poétique

De celui-ci en effet, aucun mot n'a été prononcé sur le plateau du grand Théâtre de la Colline – ni sur aucun des autres plateaux où il a été donné. Par souci de vraisemblance, Wajdi Mouawad a en effet jugé

119. Délaissé tardivement, « Le chant de l'oiseau amphibie » est le premier titre envisagé par l'auteur pour sa pièce.

nécessaire de « respecter la langue des personnages[120] » : l'anglais, l'allemand, l'arabe et l'hébreu se sont ainsi substitués dans la mise en scène au français dans lequel il a écrit sa pièce et, pour favoriser sa lisibilité, a choisi de l'éditer, au risque de l'altération du sens, de l'affaiblissement de la dramaturgie que génère ce croisement même des langues. En atteste, lors de leur affrontement, le reproche de David à Eitan de s'exprimer « dans la langue des bourreaux », soit l'allemand, pour annoncer sa relation avec Wahida ; son fils lui répondant ultérieurement en « hébreu » pour lui démontrer la vacuité de toute transmission, ce que le texte ne livre qu'en français[121]. Non plus métaphorique, comme dans *Seuls* où elle désigne une écriture prise en charge tant par les mots que par « les images vidéo », « la musique », « la lumière », « les costumes », « le silence[122] » – si bien que « tout est écriture[123] » –, cette « polyphonie[124] » n'est toutefois pas inédite dans cette œuvre qui joue volontiers d'entrelacements linguistiques : de *Willy Protagoras enfermé dans les toilettes* où les personnages s'expriment pour la plupart

120. Wajdi Mouawad, « Des langues, une écriture », *op. cit.*, n. p.
121. Wajdi Mouawad, *Tous des oiseaux*, *op. cit.*, p. 41-45. C'est précisément à partir de cet exemple que l'auteur explique comment la dramaturgie de la pièce est effectivement portée par la langue : « Par moments en répétition nous n'arrivions pas à savoir si, pour telle ou telle phrase, le personnage devait parler hébreu ou allemand. [...] Quand le père et le fils parlent tous deux parfaitement allemand et hébreu, comment décider que telle phrase sera dite dans telle langue ? » Wajdi Mouawad, « Des langues, une écriture », *op. cit.*, n. p.
122. Wajdi Mouawad, *Seuls*, *op. cit.*, p. 14.
123. Sylvain Diaz, *Avec Wajdi Mouawad – Tout est écriture*, *op. cit.*, p. 45.
124. Wajdi Mouawad, *Seuls*, *op. cit.*, p. 14.

en français et en québécois, mais aussi en anglais et en russe pour Jane Jarry et dans une langue inventée pour Ulie Char Philisti-Ralestine[125] ; à *Sœurs* (2015) où, recluse dans sa chambre, Geneviève Bergeron est confrontée à un environnement électronique hostile qui refuse de parler français, faisant la part belle à l'anglais, voire au chinois, au russe et à l'arabe[126] ; en passant par *Temps* dont le texte édité livre, en langue originale, de nombreuses répliques en russe et en langue des signes québécoise[127].

Tous des oiseaux se démarque néanmoins de ces derniers exemples en tant qu'aucun mot (ou presque[128]) n'est prononcé en français sur le plateau – ce que ne compense pas le surtitrage, tout à la fois partiel et partial –, contraignant à un retrait de l'auteur contrarié dans sa « méthode[129] » même d'écriture : avec *Le Sang des promesses* s'est en effet progressivement formalisé un travail d'élaboration textuelle « au fur et à mesure des répétitions[130] », qui s'est avéré ici impossible, l'auteur ayant dû rendre son texte, pour qu'il soit

125. Wajdi Mouawad, *Willy Protagoras enfermé dans les toilettes*, *op. cit.*, p. 15, 18 et 40.
126. Wajdi Mouawad, *Sœurs*, Montréal / Arles, Leméac / Actes Sud, 2015, p. 24-25.
127. Wajdi Mouawad, *Temps*, *op. cit.*, p. 13 et 32.
128. Enterrant son père, Eitan lui dit « adieu » en français, l'édition ne permettant pas, encore une fois, de prendre la mesure de ces variations linguistiques. Wajdi Mouawad, *Tous des oiseaux*, *op. cit.*, p. 130.
129. Wajdi Mouawad, « L'Inquiétude comme boussole », *op. cit.*, p. 5. Avec *Temps*, l'auteur a tenté de rompre avec cette « méthode ».
130. Sylvain Diaz, *Avec Wajdi Mouawad – Tout est écriture*, *op. cit.*, p. 54.

traduit en quatre langues, en amont des répétitions[131]. À rebours de sa production théâtrale récente où Wajdi Mouawad, cultivant encore un certain lyrisme, revisitant de nouveau sa propre histoire au travers de fictions inventées ou empruntées, se mettait lui-même en scène – de *Seuls* à *Inflammation du verbe vivre* (2015) –, ce retrait de l'auteur aboutit à une modification sensible de son écriture qu'il qualifie lui-même de « moins lyrique », tout à la fois « plus tranchée » et « plus concrète[132] ». De manière parfois déroutante pour un lecteur averti, la langue apparaît en effet parfois décapée – comme privée de sa patine poétique – et donc décapante, ce qui affleure notamment dans les nombreuses « blague[s] » ponctuant le texte et cultivant le malaise du spectateur, partagé entre le rire et l'effroi[133] : en réponse à Norah s'excusant de son hébreu « affreux », Leah peut par exemple répliquer, pince-sans-rire, que « c'est réciproque », car elle a « une haine profonde pour tout ce qui est allemand. Voitures, langue, gaz, trains et savons[134] ». En ce sens, le retrait de l'auteur engage une nécessaire requalification du texte, que permet de saisir le traitement des didascalies ménageant une approche scénique sans pour autant

131. Wajdi Mouawad, « Des langues, une écriture », *op. cit.*, n. p. La traduction en allemand est due à Uli Menke ; celle en anglais à Linda Gaboriau ; celle en arabe à Jalal Altawil (par ailleurs interprète du rôle de Wazzân) ; celle en hébreu à Eli Bijaoui.

132. *Ibid.*

133. C'est ce malaise que Mireille Losco-Lena a pu étudier dans *Incendies*, révélant sa fonction dramaturgique. *« Rien n'est plus drôle que le malheur » – Du comique et de la douleur dans les écritures dramatiques contemporaines*, Rennes, Presses universitaires de Rennes, 2011, p. 239-243.

134. Wajdi Mouawad, *Tous des oiseaux*, *op. cit.*, p. 17 et 57.

prétendre restituer les choix finalement opérés (d'où, notamment, le nombre restreint d'indications de jeu pour les acteurs) : *Tous des oiseaux* n'est pas notation – selon une pratique chorégraphique, qui permet l'enregistrement de choix scéniques[135] –, mais procède, à certains égards, du canevas dramatique qui valorise, contre l'auteur, le metteur en scène.

« RADIATION » – ÉLÉMENTS POUR UNE RÉCEPTION

« Ce qui est beau avec le théâtre, c'est que parfois il n'existe pas », écrit Wajdi Mouawad en introduction de *Seuls – Chemin, texte et peintures*, avant de poursuivre :

> Si *Seuls* est du théâtre, *Seuls* n'est pas forcément une « pièce de théâtre ». Tout au plus peut-on dire que *Seuls* est le titre d'un « spectacle de théâtre ». Cette différence, qui n'a aucune importance tant que l'on est debout sur un plateau, dans une salle de répétition ou plus tard en représentation, prend tout son sens lorsque se pose la question de l'édition du texte. Par le passé, cette question ne s'était jamais posée à moi ; le passage à l'édition des textes précédents se déroulait naturellement. Avec *Seuls*, quelque chose s'est enrayé car ce spectacle ne s'est pas écrit de la même manière[136].

De la page à la scène : musique et scénographie

Quoique les deux spectacles soient très différents (à la différence de *Seuls*, *Tous des oiseaux* ne fait à aucun

135. Voir Sylvain Diaz, *Avec Wajdi Mouawad – Tout est écriture*, *op. cit.*, p. 54-55.
136. Wajdi Mouawad, *Seuls*, *op. cit.*, p. 11.

moment appel aux ressources de la vidéo ou de la peinture, par exemple), sans doute Wajdi Mouawad pourrait-il reprendre ces termes à propos de sa première création au Théâtre de la Colline. *Tous des oiseaux*, qui ne se livre pas, on l'a compris, à la lecture, est avant tout le titre d'un spectacle à l'identité d'autant plus forte que le texte y était notamment soutenu d'une musique originale de la compositrice grecque Eleni Karaindrou. Pour qui a vu le spectacle, les mots de Wajdi Mouawad sont indéfectiblement liés aux notes mélancoliques de la collaboratrice de Theo Angeopoulos, charriant, dès les premières minutes de la représentation, par ses rengaines entêtantes, cette consolation impossible qui résonne tant dans *L'Éternité et un jour* (1998), film emblématique du cinéaste grec, que dans *Tous des oiseaux*.

À rebours de la complexité spatio-temporelle de la pièce dont l'action se déploie dans une multiplicité d'espaces et de temps, Emmanuel Clolus, compagnon de longue date de Wajdi Mouawad, a imaginé, quant à lui, une scénographie d'une apparente simplicité : redéployés, de séquence en séquence, sur le plateau, de grands paravents formant des murs (de séparation) favorisent l'aménagement des différents espaces, valorisant chaque fois un vide meublé par quelques accessoires que manipulent les acteurs eux-mêmes – des chaises, un lit et, surtout, une table, dont Edward Bond dit, dans une formule valable tant pour son théâtre que pour celui de Wajdi Mouawad, qu'elle est « souvent le site de crises[137] ». C'est sans doute en tant que tel que

137. Edward Bond, « La Raison d'être du théâtre » (1998), dans *La Trame cachée – Notes sur le théâtre et l'État* (2000), trad. G. Bas, J. Hankins et S. Magois, Paris, L'Arche Éditeur, 2003, p. 180.

se donne à penser de manière métonymique le plateau de plus en plus désert de *Tous des oiseaux* ; ne subsiste, dans la séquence finale, qu'un mur (de lamentations) oblique à travers lequel disparaît David, contre lequel se tiennent Etgar, Leah et Norah, tandis qu'Eitan, seul à l'avant-scène, rend un dernier hommage à son père avant de disparaître, aux côtés de Wahida, à l'horizon. Aussi cette scénographie favorise-t-elle les acteurs dont on a pu dire qu'ils « irradi[aient[138]] ».

Des acteurs éclatants

La « radiation », c'est précisément ce qu'exigeait Wajdi Mouawad des interprètes d'*Incendies* dans une lettre qu'il leur adressait en 2004, à l'occasion de la tournée française du spectacle :

> Si, à la troisième représentation vous avez été plus calmes, plus concentrés, plus légers, il vous a manqué l'énergie intérieure qui vous est donnée lorsque vous criez ou lorsque vous appuyez. Il manquait, je dirais, la « radiation ». Elle était là, mais parce que je vous ai poussés à retenir, cette radiation a disparu légèrement. Il faut garder la radiation. La radiation vient de ce que vous soutenez la tension parce que ce qui se passe sur scène est toujours grave, toujours important. C'est la vie en accéléré ; or, vous avez été un peu trop proches, en calmant le jeu, de l'énergie de la vie. La scène c'est l'autoroute. C'est la vie qui quitte la nationale pour embarquer sur une autoroute à six voies (voix) où il n'y a pas de limite de vitesse[139].

138. Brigitte Salino, « Théâtre : irradiante Souhaila Yacoub », *art. cit.*
139. Wajdi Mouawad, « Lettre aux acteurs lors de leur tournée française alors que je me trouvais loin d'eux. Octobre 2004 », dans *Le Sang des promesses*, *op. cit.*, p. 46-47.

D'une teneur rare dans la production pourtant prolifique de Wajdi Mouawad, ce document met en évidence la précision de sa direction d'acteurs qui les incite, d'une part, à « faire confiance à l'histoire qui est toute racontée dans les mots » et, d'autre part, à « conserv[er] le rythme cardiaque » de manière à être « toujours un pas en avant par rapport aux spectateurs pour que ceux-là soient emportés dans quelque chose qui va juste [...] un peu plus rapide qu'eux[140] ». C'est bien en cela que s'opère, au sens physique du terme, une « radiation », c'est-à-dire l'« émission ou la propagation d'énergie dans l'espace [...] sous forme d'ondes électromagnétiques[141] » : par leur « éclat[142] », que soutient la lumière d'Éric Champoux, les acteurs aimantent irrésistiblement le regard du spectateur, dans *Incendies* comme dans *Tous des oiseaux*, à la distribution internationale.

Outre la maîtrise de l'une des quatre langues convoquées dans le spectacle – voire de plusieurs d'entre elles, avec des effets d'enjambements linguistiques tout à fait saisissants –, les comédiens de cette dernière pièce ont pour singularité de « partager avec [l'auteur] la même histoire d'une région qui se déchire[143] ». D'origine syrienne, Jalal Altawil, qui incarne Wazzân, vit en exil en France depuis 2015. Leora Rivlin (qui interprète Leah), Darya Sheizaf (qui interprète Eden) et Raphael Weinstock (qui interprète David) sont

140. *Ibid.*

141. « Radiation », dans *Centre National de Ressources Textuelles et Lexicales*, https://www.cnrtl.fr/definition/radiation, page consultée le 9 mai 2019.

142. Le terme « radiation » est issu du latin *radiatio, -onis* qui désigne un « rayonnement » ou « éclat lumineux ». *Ibid.*

143. Wajdi Mouawad, « Des langues, une écriture », *op. cit.*, n. p.

originaires d'Israël, où travaille également Rafael Tabor (qui interprète Etgar). Jérémie Galiana (Eitan), Victor de Oliveira (le serveur, le rabbin, le médecin), Judith Rosmair (Norah) et Souheila Yacoub (Wahida) témoignent, quant à eux, d'un parcours à travers plusieurs pays, voire continents. Outre des histoires différentes, ce sont des traditions de jeux différentes qui se trouvent par là même convoquées au plateau, issues tant du Conservatoire national supérieur d'art dramatique de Paris que de l'École supérieure des arts du théâtre de Damas, empruntées tant à la Schaubühne de Berlin qu'à la télévision israélienne.

Si, lors de la création du spectacle, la presse a particulièrement mis en avant l'interprétation remarquable de Souheila Yacoub, à laquelle furent consacrés des portraits dans les journaux les plus prestigieux[144], aucun acteur ne semble pourtant se démarquer des autres sur le plateau de *Tous des oiseaux*. C'est dire si, prenant le contrepied de l'auteur, le metteur en scène a travaillé non à « l'éparpillement[145] », mais à la réunion du texte, de la musique, de la scénographie, de la lumière, du jeu d'acteurs pour produire un spectacle de quatre heures unanimement

144. Voir Emmanuelle Bouchez, « Souheila Yacoub, une grande comédienne est-elle née ? », dans *Télérama*, 2 décembre 2017, https://www.telerama.fr/sortir/souheila-yacoub,-une-grande-comedienne-est-elle-nee,n5369920.php ; Alexandre Demidoff, « Souheila Yacoub, l'envol d'un oiseau de feu », dans *Le Temps*, 15 décembre 2017, https://www.letemps.ch/culture/souheila-yacoub-lenvol-dun-oiseau-feu, pages consultées le 9 mai 2019 ; Brigitte Salino, « Théâtre : irradiante Souhaila Yacoub », *art. cit.*

145. Wajdi Mouawad, « Le chemin change », dans Robert Davreu et Wajdi Mouawad, *Traduire Sophocle*, Arles, Actes Sud, coll. « Apprendre », 2011, p. 16.

salué par la critique[146] – qui lui a attribué son Grand Prix en 2018 – et par le public.

*

Cette réussite scénique, rapidement comparée par journalistes et spectateurs à celle du *Sang des promesses*, a toutefois pu masquer la singularité de l'écriture de *Tous des oiseaux* qui fait déflagrations : déflagration thématique et esthétique, déflagration dramaturgique et scénique, déflagration pour les personnages, déflagration pour l'auteur, déflagration pour le spectateur. C'est que, selon Wajdi Mouawad, « le théâtre est une forme d'attentat » : « Le spectateur est innocent, il vient, il s'assoit, il ne sait pas ce qu'il va voir et puis… boum ! Il sort fracassé par ce qu'il a vu et entendu[147]. »

146. Voir, entre autres, Emmanuelle Bouchez, « Au Théâtre national de la Colline, Wajdi Mouawad nous a mis KO ! », dans *Télérama*, 2 décembre 2017, https://www.telerama.fr/sortir/au-theatre-national-de-la-colline,-wadji-mouawad-nous-a-mis-ko,n5370361.php ; Anne Diatkine, « *Tous des oiseaux*, l'amour sans cage », dans *Libération*, 30 novembre 2017, https://next.liberation.fr/theatre/2017/11/30/tous-des-oiseaux-l-amour-sans-cage_1613692 ; Christian Rioux, « Wajdi Mouawad triomphe à Paris », dans *Le Devoir*, 5 décembre 2017, https://media1.ledevoir.com/culture/theatre/514671/wajdi-mouawad-triomphe-a-paris ; Brigitte Salino, « Théâtre : les "oiseaux" de bon augure de Wajdi Mouawad », dans *Le Monde*, 27 novembre 2017, https://www.lemonde.fr/scenes/article/2017/11/27/theatre-les-oiseaux-de-bon-augure-de-mouawad_5220812_1654999.html, pages consultées le 9 mai 2019.

147. Wajdi Mouawad, « Le théâtre est une forme d'attentat », entretien avec Nathalie Sarthou-Lajus, dans *Études*, mars 2019, p. 96.

Pour autant, restant vigilant[148], on se gardera de conclure à un tournant dans l'œuvre de Wajdi Mouawad qui se déploie, elle aussi, par ondulations. On se contentera d'inviter, par cette postface, à penser la singularité de cette pièce, afin de pouvoir être à l'affût des vibrations que ses déflagrations pourraient à l'avenir occasionner, afin de pouvoir être à l'écoute de ces oiseaux, figures majeures du bestiaire mouawadien – tendu entre naturalisme et symbolisme[149] – dont les cris, dans *Incendies*[150] et *Ciels*[151], dans *Temps*[152] et *Anima*[153], résonnent immanquablement, annonçant les bouleversements en cours – et à venir.

---

148. Sylvain Diaz, *Avec Wajdi Mouawad – Tout est écriture*, *op. cit.*, p. 9.
149. Ce bestiaire a notamment pris forme dans le cadre de l'exposition *Créatures*, présentée en 2015 et 2016 au Château des Ducs de Bretagne, à Nantes, et imaginée par Wajdi Mouawad dans le sillage de la publication d'*Anima*. Elle a donné lieu à l'enregistrement et à la publication de l'album *Les animaux ont une histoire* (2015).
150. La pièce s'ouvre sur l'observation du « vol des oiseaux » par Hermile Lebel. Wajdi Mouawad, *Incendies*, *op. cit.*, p. 13.
151. Dès la scène inaugurale, la « Voix masculine » qui introduit la pièce évoque « des oiseaux de sang », dont les cris, sera-t-il indiqué plus loin, sont ceux de la jeunesse contre ses aînés. Wajdi Mouawad, *Ciels*, *op. cit.*, p. 18 et 54.
152. La didascalie finale mentionne le surgissement d'« oiseaux », supplantant les rats omniprésents dans la pièce. Wajdi Mouawad, *Temps*, *op. cit.*, p. 60.
153. Dans ce roman dont la narration est portée par des animaux, les oiseaux sont nombreux. Dès le deuxième chapitre, c'est un moineau (*Passer domesticus*) qui prend en charge le récit. Wajdi Mouawad, *Anima*, *op. cit.*, p. 16-19.

TABLE

DU MÊME AUTEUR

THÉÂTRE

Alphonse, Leméac, 1996.

Les Mains d'Edwige au moment de la naissance, Leméac, 1999.

Pacamambo, Leméac/Actes Sud-Papiers, coll. « Heyoka Jeunesse », 2000 ; Leméac/Actes Sud Junior, coll. « Poche théâtre », 2007.

Rêves, Leméac/Actes Sud-Papiers, 2002.

Willy Protagoras enfermé dans les toilettes, Leméac/Actes Sud-Papiers, 2004.

Assoiffés, Leméac/Actes Sud-Papiers, 2007.

Le soleil ni la mort ne peuvent se regarder en face, Leméac/Actes Sud-Papiers, 2008.

Seuls. Chemin, texte et peintures, Leméac/Actes Sud-Papiers, 2008.

Le Sang des promesses. Puzzle, racines et rhizomes, Actes Sud/Leméac, 2009.

Journée de noces chez les Cromagnons, Leméac/Actes Sud-Papiers, 2011.

Temps, Leméac/Actes Sud-Papiers, 2012.

Sœurs, Leméac/Actes Sud-Papiers, 2015.

Inflammation du verbe vivre, Leméac/Actes Sud-Papiers, 2016.

Les Larmes d'Œdipe, Leméac/Actes Sud-Papiers, 2016.

Une chienne, Leméac/Actes Sud-Papiers, 2016.

Victoires, Leméac/Actes Sud-Papiers, 2016.

Tous des oiseaux, Leméac/Actes Sud-Papiers, 2018.

LE SANG DES PROMESSES

Littoral, Leméac/Actes Sud-Papiers, 1999 ; 2009 ; Babel n° 1017 ; Nomades, 2015.

Incendies, Leméac/Actes Sud-Papiers, 2003 ; 2009 ; Babel n° 1027 ; Nomades, 2015.

Forêts, Leméac/Actes Sud-Papiers, 2006 ; 2009 ; Babel n° 1103 ; Nomades, 2015.

Ciels, Leméac/Actes Sud-Papiers, 2009 ; Babel n° 1122 ; Nomades, 2015.

ROMANS

Visage retrouvé, Leméac/Actes Sud, 2002 ; Babel n° 996 ; Nomades, 2015.

Un obus dans le cœur, Leméac/Actes Sud Junior, coll. « D'une seule voix », 2007.

Anima, Leméac/Actes Sud, 2012 ; Babel n° 1261 ; Nomades, 2016.

ALBUM JEUNESSE

La petite pieuvre qui voulait jouer du piano, ill. Stéphane Jorisch, Les Éditions de la Bagnole, 2015.

ENTRETIENS

Avec la collaboration de Sophie Létourneau, «*Je suis le méchant !*» *Entretiens avec André Brassard*, Leméac, 2004.

Qui sommes-nous ? Fragments d'identité, entretien mené par Laure Adler, Avignon, Éditions Universitaires d'Avignon, coll. «Entrevues. Leçons de l'Université», 2011.

Avec Wajdi Mouawad. Tout est écriture, entretien mené par Sylvain Diaz, coll. «Apprendre», Leméac/Actes Sud, 2017.

ESSAI

Le Poisson soi, Éditions du Boréal, coll. «Liberté grande», 2011.

OUVRAGE RÉALISÉ
PAR L'ATELIER GRAPHIQUE ACTES SUD
REPRODUIT ET ACHEVÉ D'IMPRIMER
EN JUILLET 2024
PAR NORMANDIE ROTO IMPRESSION S.A.S.
À LONRAI
POUR LE COMPTE DES ÉDITIONS
ACTES SUD
LE MÉJAN
PLACE NINA-BERBEROVA
13200 ARLES

DÉPÔT LÉGAL
1re ÉDITION : 3e TRIMESTRE 2019
N° impr. : 2403106
(Imprimé en France)